PSYCHOLOGIE OBSCURE

COMMENT ANALYSER LES PERSONNES ET DÉCHIFFRER LEURS PENSÉES GRÂCE À 7 TECHNIQUES SECRÈTES DE PERSUASION ET À LA PSYCHOLOGIE COMPORTEMENTALE

PIETRO MORETTI

PAGE PAR PIETRO MORETTI

TABLE DES MATIÈRES

Notes Légales

Les informations contenues dans ce livre et son contenu ne sont pas destinés à remplacer toute forme de conseil médical ou professionnel ; ils ne sont pas non plus destinés à remplacer le besoin de conseils ou de services médicaux, financiers, juridiques ou autres qui pourraient être nécessaires. Le contenu et les informations de ce livre sont fournis à des fins éducatives et récréatives uniquement.

Le contenu et les informations contenus dans ce livre ont été compilés à partir de sources jugées fiables, et sont exacts au meilleur de la connaissance, de l'information et de la croyance de l'Auteur. Toutefois, l'Auteur ne peut en garantir l'exactitude ou la validité et ne peut donc pas être tenu responsable des éventuelles erreurs et/ou omissions. En outre, des modifications sont apportées à ce livre de temps à autre si nécessaire. Lorsque cela est approprié et/ou nécessaire, vous devriez consulter un professionnel (y compris, mais sans s'y limiter, votre médecin, votre avocat, votre conseiller financier ou tout autre professionnel) avant d'utiliser tout remède, technique et/ou information suggérés dans ce livre.

En utilisant le contenu et les informations de ce livre, vous

PIETRO MORETTI

Pietro est né à Rome le 18 avril 1983 et vit toujours dans sa ville natale.

Il aime la vie simple et l'écriture est sa passion. Il a toujours été fasciné par la façon dont les gens interagissent entre eux et avec le reste du monde ; cet intérêt l'a amené à étudier les différents facteurs qui influencent les interactions humaines.

Titulaire d'une maîtrise en psychologie, il cherche à aider les autres en documentant son apprentissage et ses expériences personnelles par le biais de ses écrits. Il espère partager des informations utiles de manière simple, avec des stratégies facilement applicables dans la vie quotidienne.

Grâce à ses conseils, de nombreuses personnes ont redécouvert les valeurs de la vie et de l'optimisme. Pietro travaille continuellement à élargir ses connaissances en participant à des séminaires et en faisant chaque jour de nouvelles connaissances avec d'autres professionnels. Lorsqu'il n'est pas en train d'effectuer des recherches ou d'écrire des livres sur le développement personnel, vous pouvez le trouver en train de profiter du plein air, de faire des randonnées dans les collines locales et toujours prêt à interagir avec les gens qui l'entourent.

INTRODUCTION

18 novembre 1978, Port Kaituma, Guyana.

Le Révérend Jones vient de faire son discours le plus important à ses disciples : il leur demande de donner la preuve finale de leur fidélité, après tant de temps passé ensemble. Le Révérend est conscient qu'il en demande beaucoup à ses disciples, mais il n'y a pas d'autre alternative, ce n'est qu'une question de temps avant que tout ne s'effondre et il faut donc agir maintenant, pendant qu'il est encore temps.

Si tout doit se terminer, dit Jones, eh bien, que cela se termine à nos conditions.

Il est fort probable que le Révérend Jones ait un flash-back de sa vie à ce moment-là et se demande ce qui s'est passé pour en arriver là. Où s'était-il trompé ? Qu'est-ce qui a mal tourné ? N'y avait-il vraiment aucune autre solution ?

Jim Jones était un prédicateur et le leader d'une secte appelée le « Le Temple du Peuple ». Il est né en 1931 dans l'Indiana. Fervent catholique dès son plus jeune âge, il commence à prêcher l'Évangile dans les rues, en particulier dans les ghettos et les bidonvilles de la ville de Richmond, dans l'Indiana. Sa voie semble tracée : il devient pasteur et se bat constamment pour l'intégration raciale.

Il ne se soucie pas de savoir si une personne est noire ou blanche, tout le monde est un enfant de Dieu. Bien que les années 1950 soient peut-être la période la plus tendue de la lutte pour l'intégration (presque tous les Blancs de Richmond sont membres du KKK et quittent l'église lorsque des Noirs y entrent), Jim Jones devient un point de référence pour ceux qui luttent pour l'intégration et possède déjà des dons remarquables de charisme et de leadership. Quand Jones parle, les gens écoutent et se laissent influencer.

Il fait partie du peuple, de ceux qui se salissent les mains, qui se mêlent aux derniers, ceux que personne ne voit et qui ne sont considérés que comme des rebuts, la chair à canon de la société. Heureusement, il y a des gens comme le Révérend Jones, qui donnent une voix à ceux qui n'en ont pas.

En 1954, Jim Jones fonde son église et rassemble les gens en frappant à toutes les portes de la communauté noire de la ville. Les femmes, en particulier, l'adorent. Le Révérend est progressiste, charismatique, un leader et, avouons-le, il est beau. Il a tout ce qu'il faut : il est destiné à de grandes choses.

En quelques années, son église explose et il y a plus de 2000 fidèles à chaque service, au point que le Révérend doit trouver un bâtiment plus grand pour ses homélies.

Les sermons de Jones prônent l'intégration raciale et, à la fin des offices, Jones et nombre de ses adeptes se rendent dans des églises blanches pour y assister à des offices. Faire venir des Noirs dans des églises blanches était une provocation et Jones le faisait pour se faire de la publicité et accroître son charisme. Pour ses adeptes, le Révérend est une sorte de Messie, et ils sont prêts à tout pour lui. Jones et sa femme adoptent également plusieurs enfants noirs, une première pour la ville.

Jones, par conséquent, a également de nombreux ennemis, mais il est intouchable car le frapper reviendrait à déclencher une émeute dans la ville et personne ne veut aller jusque-là. En 1961, il prend la tête de la Commission des Droits de l'Homme d'Indianapolis.

Toutefois, à ce stade, l'histoire de cet homme courageux et ouvert d'esprit commence à devenir étrange. On ne sait pas exactement ce qui s'est passé, si toute la bataille pour l'intégration raciale n'est qu'un prétexte de la part de Jones pour que les gens fassent n'importe quoi pour lui, ou si le stress des différentes batailles qu'il a entreprises déclenche quelque chose dans son esprit, mais Jones commence à changer. Les sermons commencent à être remplis de visions apocalyptiques : Jones dit que Dieu lui a envoyé des rêves prémonitoires dans lesquels Chicago et Indianapolis seront détruites par des bombes atomiques russes et que la guerre froide conduira le monde à la destruction par les armes nucléaires.

Le Révérend devient tellement paranoïaque qu'en 1962, il s'enfuit avec sa famille au Brésil (un endroit qu'il croit sûr en cas de guerre nucléaire), abandonnant tous les croyants à leur sort. Au Brésil, ses sermons n'ont pas le même succès, la famille souffre de la faim et l'église commence à se détruire. Le leader n'est plus là, les fidèles sont perdus et les remplaçants n'ont pas son charisme.

Jones rentre chez lui en 1964 et continue à prêcher la guerre atomique, passant sous silence sa tentative d'évasion. À ce moment-là, il a tellement manipulé ses fidèles que personne n'ose lui reprocher de les abandonner à leur sort. En 1965, il arrive à convaincre 150 croyants de le suivre en Californie, un endroit que Dieu lui avait dit qu'il serait sûr en cas d'attaque soviétique.

À Ukiah, en Californie, Jones poursuit son délire mystique. D'une part, il aide la communauté et construit une église avec ses croyants, mais d'autre part, il prétend que la Bible est fausse et qu'il va en écrire une nouvelle, revue et corrigée, qui lui sera dictée directement par Dieu dans un rêve.

Jones commence à effectuer des guérisons publiques et semble tout savoir d'avance sur les personnes qui viennent lui demander un miracle. Est-il vraiment un prophète ?

Non, Jones utilise une astuce très similaire à celle utilisée par le Prédicateur Peter Popoff vingt ans plus tard. Popoff prétend recevoir de Dieu des informations sur les gens et le pouvoir de les guérir dans des sermons publics, tout comme Jones. Dans le cas de Popoff, l'information lui est communiquée par sa femme au moyen d'écouteurs pendant le sermon (sa femme obtient l'information en interrogeant des candidats potentiels avant la cérémonie et en promettant de leur envoyer des brochures sacrées à la maison). Il est ensuite découvert par le chasseur de mystères James Randy, qui intercepte les communications envoyées par sa femme.

Dans le cas de Jones, ses loyalistes recueillent des informations et les transmettent au leader, qui utilise son charisme et sa présence sur scène pour créer un spectacle et charmer les gens en leur faisant croire qu'ils sont guéris.

Jones commence à se droguer pour rester éveillé (il prêche qu'il n'a pas besoin de sommeil) et pour gérer les diverses activités de ce qui est devenu une secte religieuse. Le Révérend est un Dieu pour ses disciples et personne n'ose s'opposer à lui. Les rares personnes qui lèvent la tête ont d'étranges « accidents » avec la nourriture et meurent.

Jones loue des bus et commence à parcourir les États-Unis, invitant ceux qui le souhaitent à rejoindre son église. Jones cible les personnes marginalisées, celles qui ont des problèmes de drogue, les mères célibataires, les vagabonds, les personnes qui ne parviennent pas à obtenir le gîte et le couvert en échange de petits boulots et d'une loyauté totale. En 1972, Jones achète un bâtiment de trois étages et en fait le siège de son église.

En 1973, quelqu'un tire sur Jones pendant un sermon, l'atteignant à la poitrine. Le Révérend, couvert de sang, est secouru et emmené, mais quelques minutes plus tard, il revient dans l'église comme si de rien n'était, toujours couvert de sang, mais en parfaite santé. Jones dit qu'il a été choisi par Dieu pour être le nouveau Christ et que rien ne peut le tuer. Des années plus tard, des espions de la secte diront que tout cela n'était qu'un coup monté avec une arme et du faux sang.

En 1975, le soutien de Jones est crucial pour l'élection du maire de San Francisco, George Moscone, qui n'oubliera pas la faveur de Jones. Qui peut arrêter cet homme rusé et manipulateur, qui a des relations dans la politique et des fidèles prêts à tout ?

Jones est aussi riche, très riche. Quiconque entre dans la secte doit tout lui céder, signer des contrats dans lesquels il s'engage à être fidèle à tout moment et aussi signer des confessions dans lesquelles il s'accuse de toutes sortes de crimes et que les loyalistes de Jones utilisent pour ruiner la vie des rares personnes qui échappent à la secte.

En 1977, enfin, les journaux commencent à poser des questions sur les activités de Jones, en donnant de la place aux histoires de ceux qui avaient échappé à la secte. Jones comprend avant tout le monde que le vent a tourné et s'enfuit avec toute la secte en Guyane, où il a déjà envoyé des collaborateurs en éclaireur pour acheter des terres et construire des fermes. En très peu de temps, grâce aussi au soutien du maire Moscone, Jones oblige tous (ou presque tous) ses disciples à l'accompagner en Guyane. Jones a l'argent pour se faire des amis parmi les politiciens et il a des femmes qui font tout pour lui et qu'il utilise comme prostituées. Il a également beaucoup de pouvoir en Guyane.

Un manipulateur plein d'argent. La recette parfaite pour un désastre.

Et les choses s'écroulent. Le Congrès américain souhaite y voir plus clair, surtout après les articles de 1977 et la fuite de la secte. Le Révérend, quant à lui, se perd dans un délire mystique et planifie la mort de tous ses disciples, ordonnant au médecin de la ville qu'il a fondée, Jonestown, de trouver la meilleure façon de le faire. Le médecin décide d'utiliser du cyanure et l'achète aux États-Unis.

Le 15 novembre 1978 est le début de la fin. Le député Leo Ryan se rend à Jonestown pour enquêter de première main sur ce qui se passe : il n'est pas seul, il y a des caméras, des journalistes et des proches des fidèles. Jones n'est pas très coopératif et Ryan trouve une atmosphère surréaliste, où tout est contrôlé d'une main de fer et où personne n'ose remettre en question les paroles du Révérend. Certains parviennent à contacter l'homme politique pour obtenir de l'aide, mais la majorité des fidèles sont dévoués à Jones.

La présence de l'homme politique choque cependant de nombreux fidèles le lendemain, et plusieurs d'entre eux demandent à Ryan de les emmener avec lui. Jones le sait et tente de les arrêter, mais n'y parvient pas. Le 18 novembre, Ryan, les journalistes et les exilés de la secte se trouvent au petit aéroport de Port Kaituma pour rentrer aux Etats-Unis quand un commando d'hommes armés arrive et tire sur eux, tuant également Leo Ryan.

Jones réalise alors qu'il a exagéré, qu'il a tué un membre du Parlement, que personne ne peut le protéger et qu'il s'imagine déjà qu'il sera arrêté comme l'instigateur du meurtre.

Et c'est ici que la manipulation de Jones atteint son sommet.

Son médecin prépare une potion qui peut donner la mort en quelques minutes. Jones la fait mettre dans de nombreux tonneaux, rassemble les fidèles et prend la parole, leur ordonnant de mourir avec lui.

Oui, tout le monde devait mourir. A présent, le monde était trop hostile, Dieu l'a appelé et il y aura une récompense pour tous après la mort.

Les gens se regardent les uns les autres,

incertains de ce qu'ils doivent faire. Soudain, une femme avec un nouveau-né s'approche, prend le poison, le fait boire à son enfant, s'allonge sur une prairie et meurt après quelques minutes d'horribles convulsions.

Puis c'est le chaos total. Les fidèles qui boivent le poison, ceux qui tentent de s'échapper et réussissent, ceux qui essaient et sont tués, ceux qui se tirent une balle dans la tempe (y compris le Révérend Jones). Une frénésie collective qui provoque la mort de 913 personnes de manière parfaitement consciente.

Les autorités et les psychologues du monde entier se demandent depuis des années comment le Révérend Jones a pu convaincre des personnes de boire un poison et de mourir en le leur annonçant ouvertement. Tout le monde savait qu'ils allaient mourir, mais ils l'ont fait quand même. Seuls quelques-uns, selon ceux qui ont été sauvés, ont été forcés de boire.

Comment cela se fait-il ? Quelles techniques de persuasion le Révérend Jones a-t-il utilisées ?

Jones connaissait tous les secrets de la psychologie noire, comment manipuler les gens, éliminer leur sens critique et en faire de simples marionnettes entre ses mains. Il était charismatique, il avait l'attitude d'un leader et, comme Charles

Manson avant lui, il recrutait la majeure partie de ses adeptes en marge de la société (toxicomanes, exclus, personnes à problèmes) et leur donnait un but, une mission...

Jones s'était créé des ennemis (réels ou imaginaires selon les besoins) et avait utilisé la peur pour les garder près de lui, les éloignant de leurs vraies familles. Mais le véritable coup de maître du Révérend a été de déplacer toute la communauté en Guyane, l'éloignant de ce qui avait été leur réalité jusqu'à ce moment-là. Déménager dans une autre ville des États-Unis ne suffisait pas (la langue était la même, le pays était le même) : il fallait rompre avec le passé et le Révérend était le seul lien qui leur restait avec leur ancienne vie.

Le fait qu'ils aient été obligés de faire confiance à Jones, ainsi que le fait que des « ennemis » soient venus à eux, sont certainement des facteurs à ne pas sous-estimer, mais, selon Robert Cialdini, le point tournant a été qu'ils se sont tous attaqués au groupe (qui s'est attaqué au leader) en utilisant le principe de la « réprimande sociale ». Les loyalistes de Jones ont obéi sans hésiter à l'ordre et les indécis, voyant que tout le monde obéissait à cet ordre, ont suivi les actions des masses, même s'ils étaient plus que convaincus que boire du poison et mourir était une folie. Le principe de la preuve sociale peut être résumé comme suit : si vous êtes indécis sur ce que vous allez faire, regardez ce que font les autres. Si tout le monde (ou une grande partie des gens) fait ce que vous voulez faire, alors cela signifie que c'est la meilleure chose et vous le ferez sans vous poser trop de questions.

Certains des fidèles de Jones ont pu penser : « mourir ? Jamais ! Mais... tous mes amis boivent la potion, ils obéissent. Peut-être que le Révérend a raison et que c'est moi qui n'ai pas la foi. »

Il ne s'agit toutefois que d'hypothèses, même si elles sont très bien fondées. La seule chose qui est certaine, c'est que 913 personnes sont mortes et que la grande majorité d'entre elles étaient heureuses de mourir et l'ont fait volontairement. Comment cela a-t-il été possible ? Peut-on vraiment influencer les gens à ce point ?

Oui, malheureusement, mais de la même manière, on peut essayer d'influencer les gens en faisant ressortir le meilleur côté de leur personnalité ou en apprenant à se défendre contre les actions de manipulateurs en série comme le Révérend Jones, Peter Popoff ou autres.

Dans ce livre, j'ai analysé les principales techniques de la psychologie obscure et compris tous leurs secrets. Vous apprendrez à les utiliser pour vous défendre contre les tentatives de manipulation d'individus peu scrupuleux et vous pourrez les utiliser à votre tour pour pousser les gens à donner le meilleur d'eux-mêmes et pour vous aider à atteindre vos objectifs. L'esprit humain est très sensible aux facteurs extérieurs et il est donc nécessaire de se protéger par tous les moyens contre les diverses tentatives de manipulation mentale qui peuvent être faites.

Ce sera un voyage dans la manipulation et les moyens d'amener les gens à faire ce que vous voulez qu'ils fassent, tout en leur donnant l'impression qu'ils décident de tout. Vous découvrirez à la fin du livre de nombreuses techniques qui vous aideront à entrer dans l'esprit des gens et que vous pourrez utiliser à votre avantage. Certaines techniques vous sont peut-être déjà familières, mais d'autres sont totalement nouvelles pour vous. Vous pouvez facilement les intégrer dans votre vie quotidienne et elles vous donneront des résultats incroyables à court terme.

Manipuler c'est facile, si l'on sait comment s'y prendre. Se défendre contre la manipulation est encore plus facile si vous disposez de tous les outils nécessaires pour détecter la tentative.

Il ne me reste plus qu'à vous remercier pour votre achat et à vous souhaiter un bon voyage dans la psychologie obscure.

1

COMMENT CRÉER UNE NOUVELLE CROYANCE

Il est tout d'abord nécessaire de comprendre ce qu'est la persuasion.

Que signifie, littéralement, persuader une personne ? Cela signifie que je parviens à convaincre mon interlocuteur de faire quelque chose dont il n'est pas initialement convaincu (sinon il n'y aurait aucune raison de le persuader) ou à lui faire accepter mon opinion. Dans la pratique, il a été persuadé par mon attitude, mon éloquence, mon langage corporel ou mon charisme, mais aussi par des situations particulières, de changer d'avis ou de faire une certaine action.

On peut persuader de manière violente ou non violente. Une personne qui vous donne son téléphone parce qu'elle est menacée avec un couteau sous la gorge fait quelque chose qu'elle ne veut pas faire, mais elle le fait parce qu'elle a été persuadée par la présence du couteau tranchant posé sur sa jugulaire et par vos menaces de l'utiliser. Vous l'avez persuadée de le faire, mais de manière violente. Soyez assuré que cette personne, si elle le pouvait, résisterait de toutes ses forces au vol.

La persuasion violente est facile, il suffit de prendre une personne plus faible que vous ou qui se trouve dans une situation particulière (comme la surprendre pendant qu'elle rentre chez elle), de la menacer avec quelque chose et de lui faire comprendre que sa vie ne vaut rien pour vous. Si elle veut avoir un espoir de vivre, elle n'a qu'à faire ce que vous dites sans souffler mot. La seule chose à faire est de garder le contrôle de la situation et d'espérer intimider suffisamment la victime pour qu'elle ne réagisse pas. À la première distraction, elle pourrait vous sauter dessus sachant qu'une personne en danger a une force physique beaucoup plus grande et est donc beaucoup plus difficile à contrôler.

La persuasion non violente, en revanche, est plus subtile et fascinante. Elle exige du temps et des efforts, de l'expérimentation et la capacité de s'adapter à différentes situations afin d'être toujours efficace. Pensez au Révérend Jones : la menace était d'abord le Klan, puis les communistes, puis les armes nucléaires, puis les Américains. C'est sa persuasion dans toutes ses différentes versions. Elle a si bien fonctionné que 913 personnes se sont suicidées de leur plein gré.

La base de la persuasion est unique : vous devez utiliser des mots, une présence scénique, du charisme et des techniques mentales pour amener la personne en face de vous à vouloir la même chose que vous, mais en lui donnant l'illusion qu'elle-même est arrivée à cette conclusion. Le véritable manipulateur s'assure que les gens ne se rendent pas compte qu'ils sont manipulés. En effet, toutes les grandes manipulations voient leur efficacité diminuer lorsque les victimes commencent à s'interroger sur ce qu'elles font et que le manipulateur perd ainsi le contrôle.

C'est ce qui s'est passé dans le cas de la famille de Charles Manson et dans de nombreuses dictatures, tandis que dans le cas de Jim Jones, il n'y a pas eu le temps car le Révérend a préféré tuer tout le monde avant que son château de cartes ne s'effondre vraiment.

La persuasion volontaire exige donc un contrôle étroit ou une loyauté totale de la part de l'autre personne. Elle a besoin d'être polarisée et amenée à penser en « noir et blanc », c'est-à-dire à arriver à la conviction que « ce que je pense est juste, ce que les autres pensent est faux ». C'est malheureusement une tendance qui se développe rapidement dans cette période de l'histoire, amplifiée par les réseaux sociaux, où il est très facile de rencontrer des « bulles » de personnes qui pensent comme vous et de renforcer votre propre conviction d'avoir raison ou d'être persuadé.

Pour persuader efficacement une personne, il est nécessaire de la faire croire en quelque chose. Pour ce faire, vous devez créer une croyance et, par conséquent, une nouvelle croyance. Le Révérend Jones avait créé la croyance de sa secte et d'une guerre nucléaire à venir et donc la croyance que lui seul était capable de sauver ses adeptes de la destruction du monde.

À la base de la croyance

Au cours de toutes les activités quotidiennes que vous faites, votre cerveau se pose toujours quelques questions :

1. Est-ce que je ressens du plaisir ou de la douleur en faisant cette activité ?
2. Que puis-je faire pour éprouver un maximum de plaisir et un minimum de douleur ?

La réponse à ces deux questions crée tout le système de croyances et de convictions que vous avez dans votre vie.

Si vous prenez plaisir à faire quelque chose, vous le ferez quand même sans trop de peine, alors que si vous éprouvez de la douleur, vous le ferez contre votre gré. Un exemple trivial de ce mécanisme est la visite chez le dentiste. Vous vous demanderez comment maximiser le plaisir et comment minimiser la douleur, et votre cerveau développera des modèles de comportement qui seront activés automatiquement chaque fois que cette condition particulière se présentera. Si vous allez chez le dentiste, vous savez que vous devez demander une anesthésie pour avoir moins mal. Vous avez peur d'une intervention chirurgicale sans anesthésie, car cela signifie plus de douleur, quelle que soit l'intervention. Le simple fait de manger lentement est une façon de prolonger le plaisir de déguster un bon repas, tout comme le fait de rentrer chez soi à contrecœur lorsqu'on s'amuse à une fête, etc.

Cependant, notre cerveau ne peut pas traiter toutes les informations et situations qu'il rencontre, et s'appuie souvent sur des situations similaires ou des généralisations.

Généraliser signifie prendre une expérience

unique et l'appliquer à une catégorie entière de personnes ou d'événements. Si, par exemple, vous avez une mauvaise expérience avec une personne originaire du sud, vous pouvez généraliser et dire que toutes les personnes originaires du sud sont des voleurs, des mafiosi et des gens prêts à tout pour tromper les autres. Une généralisation partagée par de nombreuses personnes donne naissance à une nouvelle croyance, puis à une conviction. Et cette croyance peut facilement persuader les gens.

Le pouvoir des croyances est très élevé, il peut vraiment influencer votre vie, tant positivement que négativement. Une influence positive, c'est lorsqu'une croyance devient une conviction qui incite les gens à s'améliorer. Cela peut être celle d'aller à la salle de sport pour améliorer son physique et réussir à conquérir une femme (ou un homme) qu'on considère trop beau, ou belle, pour nous. Grâce à cette conviction et à la volonté qui s'en dégage, vous pouvez aller à la salle de sport même si vous êtes trop fatigué pour le faire, vous pouvez supporter un régime qui vous empêche de manger des choses qui vous font plaisir et vous pouvez faire une série de sacrifices. Le point culminant est atteint lorsque vous voyez les premières améliorations résultant de cette croyance (dans ce cas, la perte de poids et les premiers muscles). À ce stade, il est pratiquement impossible de se débarrasser de cette croyance, à moins qu'une force extérieure très puissante arrive, qu'elle produise un fort traumatisme, qu'elle effraie et pousse les gens à réviser leurs croyances.

Il y a aussi les croyances limitantes : si vous pensez que vous ne pouvez pas faire quelque chose, vous ne pourrez pas le faire ou vous le ferez mal, quels que soient vos efforts. Si vous pensez que vous n'êtes pas intelligent, vous agirez de manière stupide, et c'est une arme formidable pour les manipulateurs ; ils utilisent ces croyances limitatives pour vous faire croire que vous n'êtes pas capable de vous débrouiller seul et que vous avez besoin du manipulateur pour survivre dans le monde.

Bien sûr, ce n'est pas vrai, mais le contrôle et le charisme du manipulateur peuvent vraiment convaincre les gens de cette croyance et en faire des marionnettes entre leurs mains. Il est crucial de pouvoir détruire les croyances limitatives et, pour ce faire, vous devez associer une grande douleur à la croyance limitative afin que le cerveau soit incité à ne plus vouloir l'appliquer dans votre vie.

À ce stade, vous devez commencer à avoir des doutes. Demandez-vous s'il est vrai que vous ne pouvez rien faire et cherchez des preuves que la croyance limitative que vous aviez était complètement fausse. Rappelez-vous toutes les fois où vous avez prouvé que vous étiez bon et que vous méritiez quelque chose et où vous avez réussi à tout faire vous-même. Le doute devrait vous faire prendre conscience que vous n'avez pas besoin de ce manipulateur pour être heureux ou pour obtenir des résultats et la nouvelle croyance devrait être positive : vous n'avez besoin de personne pour vous dire ce que vous devez ou ne devez pas faire, vous n'avez pas besoin de guides ou de types pour vous contrôler, vous avez juste besoin d'être libre et vous pouvez être parfaitement libre sans l'aide de personne.

Lorsque vous mûrissez cette nouvelle croyance, vous dénouez l'ancienne et vous échappez au contrôle du manipulateur, mais cela ne signifie pas que vous pourrez échapper à ce contrôle pour toujours. Les manipulateurs ont souvent un plan B prêt à faire face à ce genre de problèmes et peuvent passer à la contre-attaque, surtout si votre fuite de la croyance limitante met en danger son pouvoir. Vous devrez être prêt à soutenir cette nouvelle croyance de toutes vos forces car les manipulateurs n'aiment pas la défaite et savent que cette nouvelle croyance est encore assez faible et peut donc être détruite facilement.

Vous devrez renforcer votre nouvelle conviction

par des faits, en montrant à tous, et surtout à vous-même, que vous êtes parfaitement capable de vous débrouiller seul et que tout ce que le manipulateur vous a dit est un mensonge.

Mais comment créer une nouvelle croyance qui soit efficace pour manipuler les gens ?

Il faut d'abord commencer par une opinion. Une opinion est une idée dont on est assez sûr, mais qui peut encore être démentie par certains faits. Les opinions sont la base des « fake news », par exemple. Une personne qui pense que les vaccins sont mauvais pour la santé, par exemple, soutiendra cette opinion même si de nombreuses données et faits la démythifient. Il en va de même pour l'exemple précédent des méridionaux qui ne veulent rien faire : un seul exemple d'une personne du sud de l'Italie travaillant et faisant un travail honnête rend cette opinion fausse.

Les gens confondent souvent les faits et les opinions. Il faut donc faire attention à ce que l'on vous dit, qu'il s'agisse d'un fait ou de l'opinion de quelqu'un. « Le ciel est bleu » est un fait, il est vérifié, il est impossible qu'il ne le soit pas. « Le ciel est vert » est une opinion (légitime, bien sûr) d'une personne, mais cette opinion n'a aucune base scientifique et il suffit de regarder le ciel pour la réfuter.

Pour créer une croyance, il faut commencer par l'opinion, qui est la base de la croyance. Afin d'alimenter la croyance, un grand nombre de références sont utilisées : elles ont toutes pour seul but de rendre cette croyance valide. Il faut donc chercher d'autres preuves de dommages causés par les vaccins ou les expériences de l'ami de l'ami qui s'est disputé avec deux supporters du Napoli dans le bar pour avoir traité Maradona de « nul ».

Lorsque la croyance est suffisamment forte, vous devez commencer à vous poser une question, à vous demander ce qui se passera dans le pire des scénarios possibles. « Les personnes originaires du sud ne veulent pas travailler. Que va-t-il m'arriver si je suis entouré de gens comme ça ? ». Il est facile de répondre que vous serez « le seul pigeon à diriger », qu'il y aura une forte augmentation de la criminalité et que vous devrez craindre pour votre sécurité physique. Après tout, comme chacun sait, les gens du sud ne veulent rien faire !

Le cerveau va alors créer des émotions qui seront associées à la croyance que vous avez générée ; dans ce cas, la peur. Afin d'éviter de ressentir cette peur, vous allez essayer d'empêcher cette situation de se produire et vous voilà prêt à devenir la victime des manipulateurs. Les manipulateurs, en effet, ont un flair particulier pour la peur : ils savent la trouver et l'exploiter à leurs propres fins.

Ils connaissent les principales craintes des gens, ils savent comment les rendre réelles par des mots et des actions et ils génèrent la conviction qu'eux seuls peuvent empêcher que cela se produise. C'est pourquoi, en temps de crise, les partis politiques extrémistes bénéficient d'un énorme consensus : ils exploitent la peur des gens en les manipulant et en leur faisant croire à des croyances qui ne sont pas vraiment vraies. Ils n'apportent que de l'eau à leur moulin...

Donc, si vous voulez éviter d'être manipulé, vous devez vous appuyer sur des croyances positives et ensuite vous fier uniquement aux faits, en allant à la racine de chaque affirmation. Vérifiez les sources et les faits deviendront immédiatement clairs. Si, en revanche, vous voulez générer une nouvelle croyance, il vous suffit de faire appel à la peur des gens en fournissant des réponses simples à des questions complexes et en créant un ennemi imaginaire à blâmer pour tout ce qui va mal et lorsque les choses ne se déroulent pas comme prévu.

Et, si vous y pensez, c'est ce que fait la religion. Un ensemble de croyances limitatives, un ennemi à combattre, la peur d'être damné à jamais et de rejeter la responsabilité des échecs sur les croyants qui n'ont pas eu assez de foi.

Ce n'est pas du tout une coïncidence si tant de manipulateurs et de tueurs en série choisissent une carrière ecclésiastique avant ou après leur condamnation : c'est un moyen de conserver un grand pouvoir sur les autres. David Berkowitz (le « fils de Sam », un tueur en série actif à New York dans les années 1970), Tex Watson de la famille Manson, Dennis Rader (le tueur en série BTK, en fuite depuis 30 ans) et Gary Ridgway (le « tueur de Green River », auteur d'au moins 49 meurtres) sont des cas de tueurs en série qui avaient un rapport avec la religion avant d'être arrêtés (Rader était vice-président d'une église, Ridgway était un fervent catholique et un prédicateur faisant du porte-à-porte) ou après leur capture, à tel point que Berkowitz est un chrétien né de nouveau, tandis que Watson prétend avoir compris le mal qu'il a causé grâce à la prière et est devenu un pasteur derrière les barreaux.

Méfiez-vous toujours de ceux qui utilisent la peur comme un croquemitaine pour arriver à leurs fins et allez toujours au fond des choses, c'est le meilleur moyen de vous défendre contre ceux qui tentent de vous manipuler et de créer de nouvelles croyances. Ceux qui sont victimes de croyances limitatives et de manipulations doivent absolument être aidés. Si l'un de vos amis est victime de manipulation (même le MLM est une manipulation si vous y réfléchissez), vous devez l'aider en le sortant de l'environnement qui nourrit la croyance limitante (c'est pourquoi les sectes et les manipulateurs ont tendance à isoler leurs victimes et à les amener dans un environnement propice à la manipulation). Cependant, il est très difficile d'ébranler ces croyances, car les gens n'admettent que très difficilement qu'ils ont été trompés.

Dans ce cas, un phénomène appelé dissonance cognitive entre en jeu. C'est un phénomène qui a commencé à être étudié à la fin des années 1950, lorsqu'un érudit a été témoin d'un événement singulier : une secte religieuse prêchait que des extraterrestres allaient venir sur Terre et qu'ils seraient les seuls élus à être secourus par ces derniers. Une sorte de comité d'accueil avait été mis en place pour les extraterrestres et toute la secte s'était présentée prête à honorer les visiteurs de l'espace, mais ils ne sont jamais venus. Le chercheur Leon Festinger, qui était présent lors de l'événement, a été le premier à remarquer les effets de la dissonance cognitive. Après un premier moment de perplexité, les adeptes de la secte, et notamment le leader, ont affirmé qu'il n'était pas vrai que les extraterrestres ne s'étaient pas montrés. Au contraire, leur non-arrivée ne signifiait qu'une chose : leur foi et leurs prières avaient sauvé la Terre ! La secte a continué à se développer (bien que de façon mineure), pour s'effondrer quelques années plus tard.

La dissonance cognitive a permis à ces personnes de continuer à vivre dans une fausse croyance, même lorsqu'elle s'est avérée fausse à leurs yeux. Plutôt que d'admettre qu'ils avaient tort, ils ont préféré continuer à vivre dans un monde d'illusions, et c'est ce que font aujourd'hui de nombreux conspirationnistes et victimes de manipulation.

C'est pourquoi il est très, très difficile d'aider ce type de personne, à moins de la retirer radicalement de l'environnement qui nourrit ces croyances erronées.

2

LECTURE À FROID ET DÉCLENCHEMENT D'ÉMOTIONS

Dans tant d'histoires de Sherlock Holmes, le célèbre détective né de la plume de Sir Arthur Conan Doyle, l'ironie veut que l'icône absolue de la rationalité ait été créée par un homme naïf, enclin à croire n'importe quel mensonge et très manipulable. Il parvenait souvent à découvrir tout ce dont il avait besoin pour clore l'affaire simplement en observant les gens et en leur posant quelques questions, au grand étonnement du Dr Watson.

Holmes n'avait aucun pouvoir spécial, aucune caractéristique unique qui le rendait capable de lire dans l'esprit des gens, Sherlock Holmes était simplement un grand expert en lecture à froid.

La lecture à froid, également appelée « cold reading » est une technique de manipulation et également de PNL qui permet à l'observateur d'obtenir diverses informations précieuses sur la personne en face de lui simplement en la regardant et en amenant cette même personne à révéler d'autres informations sans même s'en rendre compte.

Le Révérend Jones maîtrisait probablement aussi cette technique (ainsi que ses assistants qui lui racontaient la vie, la mort et les miracles de toutes les personnes qu'on lui présentait) qui, combinée à un certain charisme et à une touche de théâtralité, peut donner d'excellents résultats pour manipuler les gens, surtout lors de la première approche ou si vous devez parler en public et que vous voulez impressionner tout le monde et générer des émotions.

Car générer des émotions est l'une des étapes clés de la manipulation, et peut-être même la plus importante de toutes. Avec les émotions, vous pouvez lier une personne à vous pour la vie (amour) ou vous pouvez en faire votre ennemi acharné pour toujours (haine), ou vous pouvez passer de meilleurs amis à connaissances en cas de déception. Vous avez tendance à garder près de vous ceux qui vous font ressentir des sentiments positifs et à repousser ceux qui vous font ressentir des sentiments négatifs. Le « cold reading » peut étonner, surprendre et, s'il est bien utilisé, créer un lien de dépendance avec le manipulateur, un lien basé sur les émotions et la conviction que l'on ne vaut rien sans le soutien du manipulateur.

Pour effectuer un « cold reading », il est nécessaire, tout d'abord, d'avoir quelques connaissances de base sur la lecture du langage corporel. Le corps humain utilise en effet une série de mouvements (souvent involontaires) pour communiquer ses émotions et l'observateur expert est capable de les intercepter immédiatement et de comprendre beaucoup de choses. Sherlock Holmes, bien sûr, était aussi un expert en la matière, sinon la lecture à froid seule n'aurait pas suffi pour plusieurs de ses déductions.

Certains signaux sont désormais universels, comme le fait de tirer une bouffée d'air pour indiquer l'agacement et l'impatience, de rouler les yeux pour exprimer l'ennui, un simple bâillement pour communiquer la fatigue et l'ennui, le majeur pour dire à quelqu'un d'aller se faire voir, le fait de lever le pouce pour dire que tout va bien ou un simple sourire pour communiquer le bonheur.

Mais il existe aussi un certain nombre de signaux moins évidents, que vous devez absolument être capable de repérer pour mieux faire votre lecture à froid.

Quels sont ces signaux que le corps humain émet et qui peuvent être facilement lus avec de l'entraînement ?

1. Observer attentivement une personne tout en parlant peut ne pas être une simple impolitesse, mais un signe d'intérêt évident. J'ai souvent remarqué cela chez mon père lorsque je parlais de quelque chose qui attirait son attention. Son regard devenait immédiatement beaucoup plus intense et attentif à ce que je disais.
2. Si vous parlez à quelqu'un et qu'il ne vous regarde pas, cela peut être un signe qu'il n'est pas intéressé par ce que vous dites (ce qui peut être amplifié en jouant avec quelque chose) ou qu'il est timide et mal à l'aise. C'est également un signe qui vous permet de savoir si une personne ment.
3. Les yeux mi-clos sont un signe de grande colère. La personne qui se met en colère vous regarde dans les yeux, comme pour vous défier.
4. Accueillir une personne à bras ouverts est un geste clair de bienvenue. Cela

signifie qu'en étendant vos bras, vous montrez que vous n'êtes pas armé et que vous n'avez donc pas de mauvaises intentions. C'est le même principe qui a conduit à l'introduction de la poignée de main comme geste de confiance.

5. Lever les mains avec la paume en vue signifie être sur la défensive, comme pour créer un mur avec l'autre personne.
6. Croiser ses bras sur sa poitrine est un grand signe de fermeture vers le monde extérieur. C'est l'une des pires attitudes à avoir lors d'un entretien d'embauche car le recruteur peut l'interpréter comme un grand manque d'intérêt pour l'entreprise et un manque de volonté de coopérer avec les autres.
7. La personne qui sourit à peine se trouve dans une situation inconfortable ou fait semblant. Vous pouvez le constater en regardant les muscles des joues, peu importe l'effort que cette personne déploie dans son faux sourire, les muscles des joues seront contractés.
8. Se mordre la lèvre peut communiquer une grande insécurité ou une excitation

sexuelle. Tout dépend du contexte dans lequel ce mouvement est exécuté.

9. Faire des gestes amples avec les bras dénote une grande estime de soi, comme « occuper le devant de la scène ». Au contraire, faire de très petits gestes dénote une faible estime de soi et un désir de ne pas attirer l'attention des autres.
10. Les mains sur les hanches dénotent un désir de dominer la conversation et d'assumer une position de contrôle sur les autres. C'est une pose que beaucoup de dictateurs adorent.
11. Se caresser les cheveux dans un geste bien visible signifie que vous voulez attirer l'attention de votre interlocuteur. Attraper une seule mèche et la tordre avec les doigts est un signe de nervosité.
12. Les personnes qui mentent sont toujours mal à l'aise, et peuvent donc mettre en place une série de signaux plus ou moins involontaires qui permettent à l'observateur expérimenté de les repérer immédiatement. Ils évitent le contact visuel ou fixent les gens de manière exagérée, leurs mains sont secouées et

leurs orteils sont pointés vers une éventuelle issue de secours.

Avec un peu d'observation, il est possible de détecter ces signaux du langage corporel et bien d'autres signaux qui peuvent fournir beaucoup d'informations au « cold reader ».

Existe-t-il des techniques pour lire à froid et susciter des émotions ?

Une méthode que beaucoup de gens utilisent (y compris le Révérend Jones et Peter Popoff) consiste à tirer au sort, c'est-à-dire à s'adresser à de grands auditoires et à commencer le « cold reading » par des phrases super générales qui reflètent absolument la situation d'une certaine personne dans l'auditoire. Vous pouvez également le faire dans un petit groupe de personnes, mais c'est beaucoup plus risqué car il y aura beaucoup moins de chances de trouver une personne présentant ces caractéristiques.

Beaucoup de manipulateurs sont toujours vagues dans leurs discours, évitant soigneusement de mentionner des noms et des prénoms, des dates et des lieux parce que de cette façon leurs paroles peuvent être adaptées aux différents contextes qui se présentent. Au contraire, dire que Rome sera détruite par Godzilla le 3 mars 2025 est une phrase très détaillée qui n'a que très peu de chance de se réaliser. Être vague est crucial pour la manipulation.

Commencez donc par des phrases très vagues ; plus elles sont vagues, mieux c'est. « Vous êtes quelqu'un qui vient de traverser une période difficile » est une phrase incroyablement vague, mais c'est parfait pour commencer. Il y a des dizaines de personnes qui ont traversé une période difficile, il y en aura au moins une dans la salle. Vous pouvez aussi parler de vos problèmes de travail ou de santé, ou d'une crise avec votre partenaire.

En bref, des choses que tout le monde a vécu au moins une fois dans sa vie. Vous devez dire ces choses avec art, avec intensité, comme s'il s'agissait de vérités gênantes, puis observer la réaction des gens. Le langage non verbal ne ment pas et vous vous rendrez compte que quelqu'un reconnaît ce que vous avez dit. Commencez ensuite à réduire la portée de vos déclarations, en vous corrigeant sur le champ s'il n'y a pas de réaction.

« Vous avez des problèmes au travail... je suppose que c'est à propos de cette promotion manquée... non, attendez, je dois mieux décrypter les signes... oui, j'ai compris, vous avez peur pour votre fin de contrat... oui, je m'en doutais. »

A ce stade, vous devez jouer avec les émotions

de la victime. Faites-leur ressentir la peur en vivant leur pire cauchemar, la joie du meilleur des scénarios, l'espoir que rien ne se produira et enfin le choix : rejoignez-moi et rien ne se produira. Croyez et vous serez sauvé. Passez du Côté Obscur de la Force.

Cette méthode exige un charisme considérable et une capacité peu commune à apporter des corrections à la volée comme si c'était la chose la plus naturelle du monde. Seuls les meilleurs manipulateurs peuvent le faire, ce sont des comédiens qui vous connaissent parfaitement dès le premier regard.

Une technique très similaire à celle-ci consiste à utiliser des phrases d'accroche, plus spécifiques dans leur description, mais pouvant s'appliquer à de nombreuses personnes. Dans ce cas, contrairement à l'autre méthode, vous n'avez pas à chercher une victime dans la foule, vous avez déjà un type de victime en tête : il vous suffit de l'attirer dans votre piège comme vous seul savez le faire.

Vous pouvez dire une série de phrases d'accroche et de descriptions générales telles que « Vous êtes un homme peu sûr de lui avec les gens que vous ne connaissez pas, mais vous vous jetteriez dans le feu pour des amis » ou « Vous avez eu une grande déception en amour et maintenant vous ne pouvez plus faire confiance aux gens » ou « Vous avez eu un grand deuil dans la famille récemment, sachez que cette personne est toujours avec vous ».

Ce sont des phrases génériques, mais déjà plus spécifiques car vous avez déjà en tête qui vous voulez lire à froid. C'est la méthode qu'a utilisée Peter Popoff après que sa femme lui a dit que le type à lunettes du troisième rang avait eu l'appendicite dans son enfance et souffrait maintenant d'un ulcère. Popoff commençait de cette façon, puis réduisait la recherche en sachant très bien qui il devait trouver. Popoff était également un grand acteur et je dois admettre que ses sermons publics avaient un certain style trash qui fonctionnait très bien avec les grandes masses ignorantes et bigotes de l'Amérique rurale.

Souvent, de faux souvenirs peuvent également être induits dans l'esprit de la personne choisie par le pouvoir de suggestion et le magnétisme personnel. Cette lecture nécessite également une grande maîtrise de la scène et beaucoup de charisme (bien sûr, savoir à l'avance qui vous voulez lire facilite les choses). Personnellement, je préfère de loin cette technique à l'autre.

Ensuite, il y a la stratégie du contraire. Il s'agit de la stratégie consistant à dire tout et le contraire de tout dans la même phrase afin d'inclure toute une série de personnes dans le « cold reading ».

Le manipulateur qui lit avec cette méthode dit des choses comme « vous êtes gentil et doux, mais si vous vous mettez en colère, vous devenez une bête » ou « vous êtes une femme réservée et timide, mais quand vous aimez, vous devenez sauvage ». Des phrases qui disent tout et le contraire de tout et qui peuvent donc être adaptées à de nombreuses personnes. Cette technique est la meilleure des trois pour une comparaison biunivoque. Tout ce que vous devez faire, c'est commencer par une lecture à froid de base. Par exemple, des vêtements de marque et une apparence soignée symbolisent une personne qui veut faire bonne impression, des vêtements de seconde main indiquent des problèmes financiers ou une personne qui ne s'intéresse pas à l'opinion des autres, etc. Ensuite, il faut prêter attention aux signaux corporels et commencer à utiliser ce type de technique de lecture à froid, en commençant par des phrases vagues, puis en les rendant de plus en plus précises au fil du temps. Là encore, une certaine théâtralité est nécessaire pour que tout le monde ne se rende pas compte que vous êtes en train de deviner et d'espérer obtenir quelque chose de correct.

On peut faire valoir que cette technique n'est

que de la poudre aux yeux et qu'elle ne permet que d'obtenir de vagues informations sans jamais vraiment approfondir la question. On ne peut pas obtenir d'informations privées, c'est vrai, mais on peut pousser la personne à les révéler grâce à l'habileté du manipulateur.

Le gros problème de cette technique n'est pas qu'elle communique des informations vagues, mais qu'elle repose totalement sur l'habileté de l'interprète. C'est comme chanter *Starway To Heaven* : si Robert Plant, John Bonham et Jimmy Page le font, vous obtenez l'une des plus grandes chansons de l'histoire de la musique avec un solo de guitare et de batterie qui vous donne des frissons rien qu'en l'écrivant. Si je le fais avec mes amis qui n'ont aucune idée de comment tenir des baguettes ou jouer de la guitare, ça sonne comme de la merde.

Je vous conseille donc de pratiquer beaucoup de « cold reading » avant d'essayer de manipuler quelqu'un de cette manière. Vous pouvez le faire simplement en observant les personnes qui vous entourent, regardez leurs réactions, leur façon de s'habiller, de bouger, ce qu'elles disent et comment elles le disent, etc.

Cependant, la lecture à froid peut aussi vous apporter de nombreux avantages, car elle est très utile pour :

1. Apprendre à mieux écouter les gens. Vous les écouterez et comprendrez mieux leurs propos, vous ne vous contenterez pas d'écouter distraitement pendant que vous faites autre chose.
2. Apprendre à avoir un dialogue empathique avec l'autre personne, à percevoir ses émotions et à agir en conséquence. L'empathie est cruciale pour un manipulateur, car sans elle, il ne peut pas vraiment obtenir les meilleurs résultats.
3. Comprendre le point de vue de l'autre personne. Chaque personne voit le monde à travers sa propre paire de lunettes et il existe donc des milliards de points de vue sur toutes les choses. Il est essentiel de comprendre le point de vue de l'autre personne pour adapter votre stratégie de manipulation et la rendre plus efficace. Nous examinerons l'empathie plus en détail ultérieurement.
4. Améliorer la lecture du langage non-verbal.

Les informations que vous obtiendrez de cette manière vous donneront quelque chose d'inestimable : la clé pour accéder aux émotions de votre victime. Vous comprendrez leur état d'esprit et serez en mesure d'agir en conséquence en utilisant les bonnes émotions.

Vous serez une personne rassurante pour ceux qui ont peur, un motivateur pour ceux qui ont besoin d'un coup de pouce supplémentaire, un ami pour ceux qui ont besoin de soutien, vous encouragerez ceux qui ont peur ou vous pourrez même augmenter la colère d'une personne ou jouer avec sa peur encore plus.

Les émotions sont la raison pour laquelle les gens font tant de choses. Ils écoutent une chanson parce qu'ils veulent s'amuser et se sentir bien, ils regardent des photos érotiques pour se sentir passionnés, ils regardent des films d'horreur pour avoir peur, ils cherchent le contact avec les autres pour être vraiment heureux, etc.

Vous devez générer les émotions que vous voulez pour réussir en tant que manipulateur, sinon vous ne réussirez jamais. Pensez à un film d'horreur qui n'arrive pas à faire peur. C'est un échec parce qu'il ne vous procure pas les émotions qu'il promet, ou un film comique qui ne vous fait pas rire (comme, malheureusement, les derniers films d'Aldo, Giovanni e Giacomo) : c'est affreux, c'est embarrassant, les seules émotions que vous ressentirez sont la honte d'être spectateur d'une telle chose et la colère d'avoir dépensé de l'argent et du temps pour un spectacle inconvenant.

Mais qu'en est-il d'un film d'horreur qui vous bouleverse ? Ou un film comique qui vous fait pleurer de rire ? Vous êtes impliqué, vous avez de bons souvenirs et vous voudrez sans doute renouveler l'expérience. C'est pourquoi tant de gens continuent à suivre, par exemple, des chanteurs qui étaient autrefois capables de les émouvoir mais qui ne sont plus que l'ombre d'eux-mêmes. Leurs anciennes émotions... ils veulent les ressentir à nouveau.

La beauté des émotions est qu'elles sont éternelles, elles n'ont pas de date d'expiration. Si quelque chose parvient à toucher les bonnes cordes chez une personne, elle devient immortelle. J'ai récemment regardé le chef-d'œuvre d'Alfred Hitchcock, *Psycho*, avec ma partenaire. C'est un film dépassé à bien des égards, avec un côté technique désuet et une certaine naïveté, mais il est toujours sacrément bon pour toucher les bonnes émotions et je suis sûr qu'il le sera encore longtemps. Il y a des chansons immortelles qui touchent encore les gens et d'autres qui ne le font pas parce qu'elles ne touchent pas les bonnes cordes.

Pour manipuler une personne, vous devez

entrer dans sa tête et déclencher des émotions positives et elle reviendra vers vous pour en redemander. On pourrait dire qu'elle voudra être manipulée car les émotions positives sont une drogue pour le cerveau. Nos « petites cellules grises », comme les appelait Hercule Poirot, sont accros aux émotions positives et vous pousseront donc à pratiquer encore et encore cette activité que vous aimez ou à rechercher systématiquement la compagnie de quelqu'un qui nous fait du bien. L'amour est l'émotion positive par excellence, et les manipulateurs sont souvent des personnes qui font tomber leurs victimes amoureuses d'eux (combien d'hommes ont été ruinés par des femmes sans scrupules, et combien de femmes ont perdu de l'argent et leur dignité à cause d'hommes manipulateurs prêts à tout pour arriver à leurs fins ?) Les émotions sont comme une grenade à main dont le dispositif de sécurité est défectueux : si vous ne savez pas comment les gérer, elles exploseront et vous blesseront gravement.

Il est donc très facile (du moins en théorie) de manipuler les gens à l'aide de ce système : la lecture à froid de base et, grâce à des techniques spéciales, comprendre quelles sont les émotions qui déclenchent chez une personne, les exploiter pour commencer et poursuivre la manipulation.

Personnellement, je ne suis pas un grand fan du « cold reading » parce qu'il demande beaucoup d'improvisation et parce qu'il peut donner des informations assez vagues, mais je reconnais son efficacité s'il est bien fait et surtout s'il est fait par une personne qui a une grande présence sur scène. Mais pour être honnête, je dirais qu'il faut l'utiliser comme dernière étape de votre travail de manipulation, car il existe des techniques plus efficaces que vous pouvez planifier à l'avance sans avoir à improviser sur place (je n'aime pas du tout improviser).

3

LA RÉCOMPENSE : FAITES COMME JE DIS ET VOUS OBTIENDREZ QUELQUE CHOSE

Quand j'étais enfant, je détestais tellement porter mon appareil dentaire amovible.

Je devais le porter plusieurs heures par jour et, après mille tentatives, j'ai réussi à le porter la nuit pendant que je dormais, mais je ne voulais absolument pas le porter pendant la journée. Ça m'ennuyait, tout le monde se moquait de moi et manger était impossible.

Je me souviens encore de toutes les disputes avec mes parents au sujet de l'appareil dentaire. Ils savaient que c'était pour mon bien et ont essayé de me convaincre de toutes les manières possibles de le porter, surtout à la manière dure. Mon père me disait qu'il me retirerait mes jeux vidéo pendant au moins une semaine si je refusais. Je m'en fichais, il pouvait tout m'enlever, je n'allais pas mettre ce truc dans ma bouche pendant la journée, jamais.

La tactique de la menace n'avait donc pas donné de résultats et mes parents ont changé de stratégie, utilisant la tactique de la récompense.

Porte l'appareil tous les jours, même pour une demi-heure, et tu recevras une bande dessinée supplémentaire par semaine. C'est un pacte d'adultes, tu fais ta part et je fais la mienne.

Et ça a marché.

Je voulais, évidemment, une bande dessinée supplémentaire à lire et mon esprit enfantin a décidé que garder l'appareil pendant une demi-heure était un sacrifice acceptable (une version enfantine de « Paris vaut bien une messe »). Puis mes parents ont fait monter les enchères : « Apporte-le toute la journée et tu auras deux bandes dessinées ».

J'étais maintenant habitué à le porter pendant une demi-heure, et en soufflant, je l'ai porté toute la journée et j'ai obtenu mes deux bandes dessinées. Probablement si mes parents m'avaient demandé de le porter pendant des semaines en échange de la bonne récompense, eh bien, il y a des chances que je l'aurais fait (j'aurais fait n'importe quoi pour avoir Street Fighter 2 sur la Super Nintendo, donc je suppose que je l'aurais fait).

J'avais été manipulé par mes parents qui avaient utilisé l'une des méthodes de manipulation les plus efficaces : la récompense.

Dans cette méthode de manipulation, vous promettez quelque chose à une personne en échange d'un certain comportement. Je te donne quelque chose, mais seulement si tu le mérites.

Si vous y réfléchissez, c'est la meilleure façon de dresser un chien. Le chien apprend à faire un geste particulier parce qu'après l'avoir effectué, il obtient une récompense de son maître (un câlin, une caresse, de la nourriture). Avec le temps, l'animal comprend qu'en faisant cette chose, il obtiendra toujours de la nourriture et il la fera toujours.

Mais l'animal ne le fait pas parce qu'il aime le faire, il le fait pour obtenir sa récompense.

On peut dire que le travail est aussi une sorte de manipulation avec une récompense : l'employeur vous promet un salaire, des vacances, des primes et peut-être une sécurité financière et des perspectives de carrière en échange de votre temps et de vos efforts. Il y a mille choses que vous ne voulez pas faire au travail, mais vous les faites parce que sinon vous ne recevez pas votre salaire.

S'agit-il d'une manipulation ? Peut-être, d'un certain point de vue. Elle le devient lorsque l'employeur commence à promettre des choses vagues à l'employé en échange d'un emploi concret dans un avenir immédiat.

Parce que le vrai manipulateur est toujours vague, n'oubliez jamais cela ; c'est un concept souvent répété mais qu'il est toujours bien de réviser. Ceux qui manipulent ne promettent jamais une chose précise, mais quelque chose de lointain dans le temps, que l'on ne peut pas voir immédiatement, que l'on ne peut pas toucher de la main : c'est tout simplement impossible. Mais ce qui est demandé en retour est un engagement réel et tangible. Nous ne demandons pas la simple fidélité car nous ne pouvons pas mesurer la fidélité d'une personne comme s'il s'agissait de quelque chose de visible. Vous demandez de l'huile de coude, de l'engagement, des heures de travail supplémentaires, de donner de l'argent, de boire une fiole de cyanure comme si c'était de l'eau douce, de massacrer des gens pour une sorte de « bien commun », etc.

Laissez-moi vous donner cet exemple.

Un de mes bons amis travaille depuis des années dans un grand supermarché. Il a un contrat à durée indéterminée et il semble très peu probable qu'à long terme, le supermarché s'effondre et qu'il perde son emploi. Il ne peut perdre son emploi que s'il démissionne soudainement et va travailler pour la concurrence ou s'il se plante tellement qu'il est mis à la porte.

Il est certainement dans une meilleure position que beaucoup de Millennials. Il a un contrat de travail fixe, il peut prévoir de partir vivre en location, d'acheter une voiture à crédit, etc. Il ne se baigne pas dans l'argent comme l'oncle Picsou, mais il ne meurt pas de faim non plus.

Il n'y a qu'un seul problème : il a un contact à temps partiel et il aimerait bien passer à temps plein, ce qui lui permettrait de gagner plus d'argent et d'avoir la possibilité d'avoir des week-ends libres. Mais tout le monde veut ça et le chef du département a trouvé le levier parfait pour le manipuler afin qu'il fasse ce qu'il veut.

Chaque été, au début de la saison estivale, il lui demande s'il est intéressé par un travail à plein temps pendant toute la saison (en sacrifiant souvent la possibilité d'aller à la plage), évidemment par roulement. Personne n'est obligé de le faire, bien sûr, mais qui sait, peut-être qu'en septembre un poste à temps plein se libèrera et, très probablement, le fait de montrer sa volonté et sa motivation pourrait peut-être attirer l'attention des responsables et conduire à l'obtention du bienheureux poste à temps plein.

Comme vous pouvez le voir, le chef de rayon

utilise une récompense incroyablement vague pour que mon ami accepte de travailler tout l'été, tous les jours. D'un côté, une série de « peut-être, éventuellement, on pourrait, qui sait », de l'autre, une seule chose est sûre : beaucoup de travail et pas beaucoup de plaisir.

C'est un compromis inégal : l'entreprise obtient beaucoup de travail, mon ami obtient un peu plus d'argent, beaucoup de temps perdu et une vague promesse qui ne se réalisera peut-être jamais et un « Que pouvez-vous faire, ils en ont décidé autrement, mais l'année prochaine sera une bonne année ». Bien sûr, tu devras te mettre en avant, il y a beaucoup de concurrence, mais qui sait..."

Il s'agit d'un exemple parfait de manipulation avec récompense, et si elle est faite par une personne charismatique et habile en rhétorique, elle sera très réussie.

Cet exemple peut vous apprendre deux choses : lorsque vous promettez quelque chose, soyez toujours vague, très vague, incroyablement vague. Vous serez capable de promettre tout et le contraire de tout, de retomber sur vos pieds face à toutes les récriminations possibles et de tirer le maximum du moindre effort. Si vous trouvez la bonne victime (assez naïve pour croire ou ayant désespérément besoin de croire en quelque chose), vous pouvez vraiment obtenir tout ce que vous voulez.

La deuxième chose que vous pouvez apprendre est de vous méfier des personnes qui font des promesses trop vagues et vous jurent que vous serez récompensé, mais ne peuvent pas vous dire comment et quand. S'il est trop vague, levez vos antennes et ne faites pas confiance à ce genre de personne à la légère. Il est très facile pour lui de vendre du vent, c'est un type qui s'amuse dans des discours pleins de « non-sens » (comme les personnages du film *Amici Miei* : des phrases insensées et des vire langues pour se moquer des gens) et à promettre des choses vagues dans l'espoir de tirer le meilleur parti de chaque situation. Restez à l'écart de ce type de personne ou demandez des informations approfondies et posez des questions sur tout ce qui ne vous convainc pas afin de le mettre au pied du mur. Tôt ou tard, il se contredira ou cessera tout simplement de vous répondre et partira à la recherche d'une autre victime. Cela ne l'arrêtera pas mais au moins vous éviterez de travailler pour quelque chose que vous ne verrez probablement jamais.

Il existe deux types de victimes idéales pour ce manipulateur : la personne naïve et la personne qui veut croire et qui en a même désespérément besoin.

La personne naïve n'est pas mauvaise ou stupide, elle est probablement juste gentille, trop gentille. C'est une personne à qui on ne peut pas vouloir du mal et qui, si elle reçoit une gifle, s'excuse de vous avoir frappé la main avec son visage. Comme cette personne est trop gentille, il est facile de la tromper, car elle n'a jamais vraiment touché au mal dans le monde et n'a aucune idée qu'il y a des gens qui ne veulent que piéger les autres et fournir le moins d'effort possible pour obtenir le maximum de résultats. Il est très facile de devenir ami avec cette personne et d'essayer de la tromper. Si vous êtes démasqué, il suffit de s'excuser de manière apparemment sincère pour regagner la confiance de cette personne naïve, puis d'essayer de la manipuler à nouveau.

C'est le genre de personne condamnée entre les mains d'un manipulateur, la victime parfaite à plumer puis à jeter sans même faire l'effort de paraître sincère et désolé. Si vous êtes une personne naïve, je vous conseille vivement de commencer à être beaucoup plus prudent et de lire attentivement ce livre afin que vous compreniez qu'il existe des personnes qui n'attendent que de vous exploiter pour obtenir ce qu'elles veulent.

Si, au contraire, vous connaissez une personne naïve, essayez de lui expliquer ce que vous apprendrez dans ce livre et, si possible, faites attention à son comportement. La personne naïve se comporte de manière anormale lorsqu'elle est manipulée, il est donc également très facile de savoir si elle a été manipulée. Devrez-vous intervenir ? Essayez de faire une tentative, mais il est préférable d'impliquer sa famille et de s'en remettre à elle. Vous pourriez facilement vous retrouver dans une position inconfortable et perdre.

Il y a aussi des personnes qui, pour diverses raisons, ont un besoin désespéré de croire en quelque chose et de trouver des réponses simples à des problèmes complexes. Une personne qui a un besoin désespéré de croire est presque toujours motivée par la peur ou le désespoir et peut donc vraiment croire n'importe quoi, même des choses manifestement absurdes et hors de propos.

Prenez par exemple une personne que j'ai déjà mentionnée, Arthur Conan Doyle.

Le brillant auteur de Sherlock Holmes était quelqu'un qui avait désespérément besoin de croire en quelque chose, et dans son cas, c'était la certitude que quelque chose existait après la mort. Conan Doyle avait subi une série de deuils profonds très rapprochés (mort de son fils à la guerre et mort de sa première femme) et ces pertes l’avaient très probablement terrifié. Conan Doyle évacuait sa peur par le besoin de croire en quelque chose et avait choisi le spiritisme parce qu'il lui avait donné la récompense qu'il recherchait : la confirmation que les esprits existaient et pouvaient communiquer avec les gens.

Le besoin de croire de Conan Doyle l'avait mis dans la position d'être manipulé par divers médiums rusés qui l'avait utilisé pour l'argent et la publicité. Parfois il avait été victime de farces qui lui avaient fait perdre la face en public comme lorsque deux petites filles avaient collé des portraits de fées sur des photos et les avaient fait passer pour des photos authentiques. Conan Doyle n'avait pas eu le moindre doute à ce sujet, continuant à maintenir leur authenticité même lorsqu'il était évident que ces photos étaient grossièrement modifiées. Il s'était également lié d'amitié avec Harry Houdini, le magicien le plus populaire du monde.

Conan Doyle était vraiment convaincu que Houdini avait des pouvoirs surnaturels tandis que le magicien était à la fois amusé et mal à l'aise par l'attitude de l'écrivain. Finalement, l'amitié entre les deux s'était beaucoup refroidie lorsque Doyle avait déclaré publiquement que Houdini pouvait dématérialiser son corps. Il l'avait juste vu exécuter le tour de magie où le magicien semblait détacher son pouce (un tour élémentaire). Pendant ce temps

Houdini avait commencé à déclarer la guerre à tous les médiums, passant le reste de sa vie à exposer tous les tours avec lesquels ces gens gagnaient de l'argent. Doyle n'avait jamais pardonné Houdini pour ça.

Il semble évident qu'une personne comme Arthur Conan Doyle avait tellement besoin de croire qu'il acceptait des fabrications flagrantes comme authentiques, mais il est également possible que l'écrivain se soit rendu compte de ce qui se passait, mais ne pouvait pas admettre qu'il avait tort (dissonance cognitive).

Avec une personne effrayée qui veut croire quelque chose, il est facile de promettre n'importe quoi, il suffit de créer la bonne histoire.

Les humains, homo sapiens, ont l'extraordinaire capacité d'inventer des histoires fascinantes pour mieux coopérer avec les autres, les influencer et les manipuler.

Et maintenant je lâche la bombe : quelle est l'histoire la plus efficace de toutes ? Une histoire qui, après des millénaires, reste incroyablement efficace ?

La religion.

Si l'on y réfléchit, la religion est un exemple parfait de manipulation des gens dans tous les sens.

Vous n'y croyez pas ?

Eh bien, avec la religion, vous pouvez :

1. Semer une nouvelle croyance. Combien de nouvelles religions et sectes naissent chaque année ? La secte du Révérend Jones, par exemple, ou les « Bêtes de Satan », ou encore la « Scientologie ».
2. Susciter des émotions. La messe est un spectacle et doit susciter des émotions positives ou négatives chez les gens. Elle doit inciter les personnes à suivre les règles et effrayer ceux qui les transgressent.
3. Promettre une récompense : La récompense que l'église promet est le paradis et la vie éternelle. Suivez les règles de l'église, même si elles sont dépassées et discriminatoires, faites ce qu'elle dit et non ce qu'elle fait et en retour vous pourrez monter sur un nuage avec les anges et jouer de la harpe parmi un groupe de personnes intéressantes. Il n'y a aucune preuve de l'existence du paradis ou de la vie éternelle, il suffit de faire confiance à ce que dit la religion. On peut aussi citer l'Islam et le paradis où des vierges

attendent ceux qui s'immolent pour la cause ou l'Eden promis par le Révérend Jones à ses disciples.

4. Offrir un contrôle : les commandements limitent la liberté des gens mais donnent en même temps l'illusion d'un contrôle. Sans contrôle, les choses sont vouées à s'effondrer sur elles-mêmes.
5. Transmettre des messages de manière positive : plusieurs messages de la Bible sont très positifs et devraient être appliqués par tout le monde, indépendamment de la race, du sexe et de la religion. Traiter les autres comme on aimerait être traité et enlever d'abord la poutre qui sort de son œil, pour ensuite voir la paille qui sort de l'œil de l'autre sont deux conseils que chacun devrait toujours appliquer dans sa vie. Cependant, il existe aussi des messages beaucoup moins tolérants que beaucoup de gens interprètent de manière positive parce que « la Bible l'a dit ». Il y a quelques siècles, il était considéré comme positif de mettre à mort des personnes en les accusant de sorcellerie, par exemple.

6. On peut créer de l'empathie avec l'autre personne, surtout lors d'une confrontation privée. Le ministre du culte dit qu'il comprend parfaitement ce que ressent l'autre et peut lui prodiguer des conseils, voire le manipuler.
7. Un catholique professé ou un adepte d'une religion peut certainement faire une bonne première impression sur beaucoup de gens.

Comme vous pouvez le constater, la religion est souvent basée sur la manipulation. La récompense promise est vague, mais elle exige des sacrifices, un engagement, de l'argent, de devoir se priver de nombreux plaisirs de la vie et de se sentir coupable en le faisant, de se sentir toujours redevable envers les divinités, d'avoir peur et bien plus encore. Ceux qui sont désespérés et qui ont besoin de croire trouveront sans aucun doute ce qu'ils recherchent dans une religion (c'est pourquoi le Révérend Jones a fait du prosélytisme dans les banlieues des ghettos ou pourquoi Charles Manson a rassemblé des personnes sous acide ou qui n'avaient aucun repère dans le monde) et même les naïfs peuvent facilement être induits en erreur par des messages trompeurs ou des interprétations « fantaisistes » des Écritures.

Mais je tiens à préciser une chose : je ne suis pas contre les religions, ou plutôt, je ne suis pas contre l'idée de la religion. Les gens ont besoin de croire en une histoire pour être unis et mieux travailler. Cela explique les réunions d'entreprise pour motiver les gens et les divers événements où ces mêmes entreprises racontent leur histoire en donnant l'idée d'une famille unie travaillant pour un grand objectif (mais qui n'a aucun scrupule à licencier les gens à la première difficulté) : elles veulent créer une histoire pour que les gens croient en elles.

C'est aussi la raison pour laquelle les livres de fiction et les émissions de télévision sont si populaires : les gens ont besoin d'être divertis et de croire en quelque chose, de vivre des vies qui ne sont pas les leurs. L'esprit humain se lasse facilement et a donc le plus grand besoin d'être diverti de différentes manières (ou en racontant la même histoire de différentes manières). C'est ce qui a fait de nous les maîtres du monde (et peut-être de l'espace à l'avenir), mais c'est aussi notre faiblesse. Il suffit de croire la mauvaise histoire et tout ira mal. Il suffit de demander à ceux qui ont cru l'histoire du Révérend Jones, l'histoire selon laquelle la race allemande était destinée à dominer le monde selon

Adolf Hitler, l'histoire selon laquelle il suffisait de tuer John Lennon pour devenir célèbre, ou encore l'histoire selon laquelle la récente pandémie a été causée par des virus fabriqués en laboratoire ou celle des chemtrails. Les guerres ont presque toujours été menées à cause d'histoires, de vengeances, de chantages et de menaces, d'idéaux intouchables et parce que les gens ont choisi de croire la mauvaise histoire.

En tout cas, je ne suis pas contre les religions. J'apprécie ceux qui sont spirituels et parviennent à ajouter un autre plan à leur existence. Je ne suis pas certain qu'il y ait une vie après la mort et je peux seulement dire que je l'espère. Je suis tout à fait prêt à réviser plusieurs de mes croyances si un jour des preuves décisives de ce fait devaient apparaître, mais être spirituel et la religion sont deux choses différentes. La spiritualité est personnelle, c'est l'ensemble des croyances d'une personne et elles sont individuelles (même si elles peuvent coïncider avec celles d'autres personnes). On peut être spirituel de bien des façons et s'approcher réellement d'un niveau de connaissance supérieur.

Les religions, en revanche, ont été créées par l'homme, peut-être sous l'impulsion d'une divinité, mais elles ont certainement été corrompues par ceux qui ont compris qu'elles n'étaient qu'un moyen très puissant d'obtenir du pouvoir et de manipuler les gens. Je ne veux pas dire que toutes les personnes religieuses sont comme ça, il y a beaucoup d'exemples d'ecclésiastiques qui sont des personnes exemplaires à tout point de vue, mais il est aussi vrai que la religion est aussi pleine de personnes qui manipulent à leurs propres fins. En outre, il est très facile pour les religions de polariser un débat, en créant une dichotomie « noir ou blanc, bien ou mal » qui n'est pas du tout positive. La vie n'est souvent qu'une grande échelle de gris, ne l'oubliez jamais.

Je ne veux pas et ne peux pas vous dire de ne pas être religieux. Vous avez le droit d'être religieux comme vous l'entendez, mais faites très attention à ne pas vous faire manipuler. C'est très facile, il faut donc faire très attention aux personnes qui vous promettent des choses vagues ou qui essaient de vous faire changer d'avis.

J'espère que mon flot de conscience ne vous a pas offensé et qu'il vous a donné quelques éléments de réflexion supplémentaires. Si vous avez des doutes sur ce que vous avez lu et que vous souhaitez vous entretenir avec moi, je serai très heureux de le faire.

4

OFFRIR LE CONTRÔLE

Il va sans dire que chaque personne dans le monde rêve dans sa vie d'avoir le contrôle de quelque chose et de se sentir importante. C'est ce que souhaite chaque personne sur la planète, du président des États-Unis au coursier qui vient de vous apporter le petit paquet que vous avez acheté sur Amazon.

Et il n'est pas difficile de comprendre pourquoi. C'est agréable de se sentir important, d'avoir le contrôle sur quelque chose. C'est très gratifiant, c'est sûr, c'est un sentiment de pouvoir qui n'a pas d'équivalent dans le monde. Plusieurs tueurs en série ont déclaré que leur désir de tuer était très fort, mais qu'ils cherchaient surtout à contrôler d'autres personnes.

Le tueur BTK a candidement admis que

lorsqu'il s'est introduit dans la maison de la famille Otero, dont il a tué les quatre membres qui s'y trouvaient à ce moment-là, il n'avait pas l'intention de les tuer mais simplement (pour ainsi dire) de les attacher solidement, d'accomplir quelques actes érotiques et de partir après avoir pris le contrôle total de la situation. Lorsque ce tueur a réalisé qu'il était entré dans la maison à visage découvert et que ces personnes pouvaient l'identifier, il a été contraint de changer brusquement de plan, tuant toute la famille. Il a beaucoup apprécié cette expérience et a donc tué toutes ses futures victimes, mais ce qui l'a poussé à aller chez les gens, c'est le désir de tout contrôler et de dominer. Il se sentait la personne la plus importante du monde car il avait le droit de vie et de mort sur ses victimes. Il a écrit aux journaux et à la police, les menaçant de nouveaux meurtres s'ils ne publiaient pas ses lettres en première page. En 2005, alors que tout le monde s'était résigné à ne plus l'arrêter, le tueur a décidé qu'il voulait encore se sentir important et contrôler quelque chose et a repris contact avec la police. L'analyse d'une disquette envoyée par le tueur a permis de trouver un fichier Word créé par un certain « Dennis » concernant le procès-verbal d'une réunion de l'église. Il y avait un seul Dennis dans cette église : il a été arrêté et a avoué être le tueur.

Son besoin de se sentir important et de contrôler la situation l'avait conduit à une chute désastreuse et, finalement, pas moins de dix personnes assassinées de manière sadique et cruelle ont obtenu justice.

Même le tueur en série Gary Ridgway a admis avoir eu des relations sexuelles avec les cadavres de ses victimes parce que cela le faisait sentir important.

Il s'agit, bien sûr, de deux cas limites, mais tout le monde essaie d'être important, du type qui écrit le nom de son travail en anglais pour se donner bonne figure au type qui va à la salle de sport pour se muscler et se sentir mieux.

Après tout, avoir le contrôle d'une situation ou de quelqu'un d'autre est quelque chose qui peut inspirer beaucoup de confiance aux gens. On a l'impression qu'on ne peut pas se laisser surprendre par le destin et l'imprévu de cette manière, mais il n'en est rien.

L'inattendu est là, il sera toujours là, et le contrôle n'est qu'une lointaine illusion. Quel contrôle y a-t-il si le moindre changement de plan suffit à tout faire effondrer ?

Pourtant, la grande majorité des gens veulent avoir le contrôle de tout pour se sentir importants. Vous êtes important parce que vous contrôlez les choses et si vous ne pouvez pas tout contrôler, essayez au moins de contrôler n'importe quoi.

Le besoin excessif de contrôle est un gros problème qui doit être abordé avec l'aide d'un professionnel et qui, s'il est sous-estimé, peut entraîner un certain nombre de gros problèmes à l'avenir. Je ne veux pas dire que c'est mauvais de vouloir contrôler les événements de la vie (planifier à l'avance est crucial dans le travail, par exemple), mais ici je parle de vouloir tout contrôler, en particulier les personnes qui vous entourent, juste pour vous sentir important.

Ce besoin physique d'importance est un aimant pour le manipulateur. En effet, de nombreux manipulateurs utilisent ce levier pour entrer dans l'esprit des gens, les attirer dans leur monde de manipulation et leur faire faire ce qu'ils veulent ; ils promettent un faux contrôle alors qu'en réalité ce sont eux qui contrôlent leurs victimes.

On crée ainsi un cercle vicieux où la victime croit avoir un contrôle qu'elle n'a pas et tente de l'exercer sur d'autres personnes, tout en étant constamment contrôlée par ceux qui sont au-dessus d'elle.

Il suffit de regarder les différentes façons dont les manipulateurs essaient de vendre du vent aux gens. Combien de fois avez-vous lu des manuels, programmes ou autres qui vous aideraient à « reprendre le contrôle de votre vie » ?

Beaucoup, beaucoup, même trop. Cela se produit parce qu'il y a tant de personnes qui ont le sentiment de n'avoir aucun contrôle sur quoi que ce soit et qui, par conséquent, ne se sentent pas importantes. C'est leur faiblesse, le manipulateur le sait et s'en servira pour attirer leur attention, puis les convaincre de faire ce qu'il veut, qu'il s'agisse de rejoindre une secte religieuse, d'acheter un livre ou d'investir une partie de leur argent dans un système de marketing pyramidal.

Ils promettent le contrôle de quelque chose : « Lisez ce livre et faites ça, l'argent viendra pendant que vous dormez ! », « Achetez mon cours, vous serez un expert de la vente en un rien de temps », ou « Rejoignez la secte, vous n'aurez plus jamais peur de rien, vous ferez partie de l'élite, vous contrôlerez le monde avec moi comme bras droit ! » ou « Achetez le cours MLM, il fonctionne, vous devez juste convaincre d'autres personnes de vous l'acheter pour gagner beaucoup d'argent ! Contrôlez votre vie et vos revenus. »

Il est facile d'attirer un certain type de personnes de cette manière, car il y aura toujours quelqu'un qui se sentira sans importance et qui n'aura aucun contrôle sur sa vie.

J'imagine que vous aussi, vous vous sentez parfois perdu, sans repères, avec la nette impression d'être ignoré par tout le monde. C'est normal, cela est arrivé à tous à un moment ou à un autre, surtout en période de grand stress émotionnel ou après un événement traumatisant. Dans cet état, vous êtes très vulnérable à la manipulation mentale et vous devez donc absolument apprendre à vous protéger des actions des manipulateurs qui pousseront comme des champignons.

Que pouvez-vous faire ?

1. La première chose que vous devez faire est de travailler sur votre estime de vous. Pensez aux choses que vous pouvez faire (il y en a beaucoup, il suffit de les trouver) et aux personnes pour lesquelles vous avez de la valeur. Pensez à vos parents, vos amis les plus proches, votre partenaire, vos proches. Vous disposez d'un réseau de relations sociales que vous pouvez utiliser pour vous sentir bien dans votre peau. Vous ne pouvez pas vous sentir bien avec les autres si vous vous ne sentez pas bien avec vous-même d'abord, n'est-ce pas ? N'écoutez pas ceux qui vous disent que vous ne

valez rien ou que vous ne comptez pour rien : il s'agit juste d'une personne qui a désespérément besoin de contrôle et qui veut l'obtenir en attaquant quelqu'un qui a plus de problèmes. Ne donnez pas à cette personne la satisfaction de vous voir en difficulté et développez une grande estime de vous-même, c'est le meilleur moyen de devenir plus fort et de ne pas vous soucier de ceux qui tentent de vous rabaisser. Pour convaincre les autres de votre valeur, vous devez d'abord en être convaincu vous-même.

2. Apprenez à accepter le hasard dans la vie. Les gens font des plans à long terme, ils ont tellement de choses sous leur contrôle et il suffit du moindre revers pour faire écrouler le château de cartes qu'ils ont construit au fil du temps. Le monde est régi par le chaos, quels que soient les efforts que vous déployez, vous ne serez jamais en mesure de tout contrôler et vous ne devriez donc jamais faire confiance à un homme qui vous promet un contrôle total. Le monde et les gens ne peuvent être contrôlés en permanence, à moins que vous ne

puissiez les contrôler pendant une très courte période (mais même dans ce cas, c'est très difficile). Je ne veux pas vous dire d'être fataliste et de ne pas vous en soucier, mais laisser au destin plus de pouvoir (peut-être dans les aspects les moins importants de votre vie) est certainement la meilleure chose que vous puissiez faire.

3. Travaillez sur vos raisons de chercher à contrôler les choses. Puis-je faire une provocation ? Pour moi, le besoin de contrôle est juste une façon de masquer la peur de quelque chose. Vous avez peur de ce que vous ne connaissez pas et vous essayez donc de tout contrôler pour ne jamais être pris au dépourvu. Vous craignez de ne pas être pertinent et vous acceptez donc d'être manipulé et d'entrer dans des réalités où vous pouvez avoir un substitut de contrôle et ainsi de suite. Vous devez comprendre ce qui vous fait peur et l'affronter. Les peurs sont les monstres que vous avez vus dans votre enfance lorsque vous éteigniez la lumière de votre chambre. L'armoire est devenue un monstre, les ombres

projetées sur les rideaux de la fenêtre ont créé des formes grotesques, mais il suffisait de rallumer la lumière pour se rendre compte qu'il ne s'agissait que de monstres imaginaires. Les monstres dans l'esprit sont les mêmes : si on les laisse libres d'agir, ils deviennent énormes, encombrants, effrayants. Si, en revanche, on les affronte, ils deviennent plus petits et plus faciles à vaincre.

4. Acceptez simplement que vous ne pourrez jamais tout contrôler et que, quelle que soit votre réussite dans la vie, dans le travail, dans tout ce que vous voulez, vous serez toujours moins que rien pour beaucoup de gens. Vous serez toujours sans intérêt pour beaucoup de gens, quoi que vous fassiez. Est-ce une tragédie ? Je dis non, vous ne devez être important que pour les bonnes personnes, pas pour tout le monde.

Mais que faire si l'on veut manipuler une personne présentant ces caractéristiques ?

Vous devez lui vendre un rêve, vous devez lui vendre une vision du monde où il sera libre, avec tout sous contrôle, très pertinent, un phénomène. Si vous pouvez également comprendre ce dont cette personne a peur, vous aurez une voie claire.

Je le sais parce que ça m'est arrivé.

C'était une période compliquée de ma vie. Les perspectives d'emploi n'étaient pas bonnes et je ne contrôlais pas la situation. J'avais peur : la situation allait-elle s'arranger ? Aurais-je assez d'argent pour m'en sortir ? Que ferais-je toute la journée dans le pire des scénarios possibles ?

Je me sentais inutile, impuissant, je n'étais pas important pour l'entreprise et les autres personnes et je n'avais rien à offrir dans d'autres domaines.

J'étais effrayé, ou plutôt terrifié, et je pense que vous pouviez le voir clairement. Mes amis m'ont dit que je faisais toujours la gueule et que je n'étais certainement pas le boute-en-train de la soirée.

J'en étais conscient, mais c'était mieux que de rester à la maison et de devenir de plus en plus déprimé, n'est-ce pas ?

De toute façon, il était clair que je n'allais pas bien, j'étais faible et j'avais peur. Le sentiment d'être impuissant et de ne pas contrôler les choses m'écrasait. Et puis ce type est arrivé.

Je ne me souvenais pas le connaître bien. C'était l'ami d'un ami que vous rencontrez à des fêtes et à qui vous parlez de la météo, en essayant de ne pas montrer l'embarras évident que vous ressentez de ne même pas connaître son nom et en espérant qu'il quittera la conversation avant vous.

Ce type me voit, me dit bonjour et me demande comment ça va. J'ai parlé, un peu trop, et je lui ai raconté mes problèmes.

J'ai vu son regard changer littéralement, c'était le regard d'un barracuda, d'un prédateur qui a ciblé sa proie et qui veut passer à l'attaque. Il m'a dit qu'il me comprenait parfaitement et qu'il avait quelque chose pour moi. Il m'a dit qu'il avait été dans la même situation que moi et qu'il avait maintenant repris le contrôle de sa vie et qu'en fait, il était un gros bonnet qui donnait des ordres à beaucoup de gens et que ses ordres avaient force de loi.

S'il avait dit « Sautez », ils auraient répondu « Quelle hauteur ? ».

C'étaient les mots que je voulais entendre (c'était la clé !) et je lui ai demandé comment il faisait. Il m'a parlé d'une méthode révolutionnaire de marketing multi-niveau où tout ce que j'avais à faire était de faire travailler les gens sous mes ordres et je gagnerais de l'argent depuis chez moi. J'allais avoir le contrôle de ma vie et j'allais avoir de l'argent à revendre. J'allais devenir patron !

Pour obtenir tout cela, il me suffisait de lui faire confiance, de m'inscrire comme son affilié au sein de la MLM et de trouver d'autres personnes. C'était facile, il pouvait en trouver beaucoup et me faire entrer dans ce monde tout de suite, si je le voulais.

Et moi je le voulais à ce moment-là, il n'y avait aucune raison de mentir. Ces mots étaient trop beaux pour être vrais, c'était la fin de mes soucis et je pouvais reprendre le contrôle de ma vie.

Mais il y avait quelque chose dans ma tête qui me bloquait, une voix qui me criait de ne pas faire confiance, de prendre mon temps, que si quelque chose est trop beau pour être vrai, c'est probablement parce que ça l'est.

J'ai pris mon temps, je lui ai dit que je me renseignerais et que je le contacterais si j'étais intéressé.

Son attitude a changé (il a compris qu'il avait raté le coche) et il est parti.

Heureusement, ma situation s'est améliorée et j'ai compris que ce système révolutionnaire pour gagner de l'argent n'était qu'une arnaque légalisée. J'aurais été un pion sous son contrôle, avec une fausse illusion de contrôle, et j'aurais manipulé à mon tour d'autres personnes qui avaient autant besoin de certitude que moi.

Je suis donc familier avec ce système de manipulation. Il faut toujours lever le nez quand quelqu'un vous offre le « contrôle ». Posez d'abord la question « Contrôle sur quoi ? » et cherchez ensuite les détails. Les détails sont essentiels pour contrer le manipulateur qui vit dans le flou. Les détails sont les phares du stade qui illuminent son illusion et la font apparaître au grand jour : les détails sont votre salut.

Suivez votre instinct : si vous ressentez de mauvaises vibrations, il y a certainement une part de vérité. Pensez toujours aux conseils que je vous ai donnés pour que vous n'ayez plus un besoin constant de contrôle dans votre vie.

5

UN MESSAGE POSITIF

Il est clair qu'un manipulateur expérimenté ne veut pas (et ne devrait jamais avoir besoin) forcer ou faire du chantage à une personne pour la soumettre à la manipulation. La manipulation doit être subtile, elle doit entrer dans la tête des gens, elle doit les convaincre de faire ce que vous voulez en leur donnant l'idée qu'ils ont un libre arbitre.

Tout le monde est capable de « manipuler » une personne avec du chantage ou en la menaçant, mais ce n'est pas de la manipulation, c'est juste forcer un type à faire quelque chose qu'il ne veut pas faire en utilisant la force ou les menaces. La personne manipulée ne se rend pas compte qu'elle est manipulée mentalement avant qu'il ne soit trop tard, alors que la personne forcée à faire quelque chose sait exactement ce qu'elle fait et si elle avait le choix, elle ne le ferait pas.

Si votre objectif est de manipuler, alors le chantage et la violence ne devraient jamais être utilisés, même dans les cas les plus désespérés et ingérables. Il vaut mieux jeter l'éponge et admettre qu'avec certaines personnes la manipulation est inutile (elle l'est, il n'y a rien de mal à cela) que d'utiliser des moyens mesquins qui sont à la portée de presque tout le monde.

Si, en revanche, vous voulez simplement empêcher quelqu'un de vous manipuler d'une manière ou d'une autre, vous savez déjà que le manipulateur est plus un serpent qu'un taureau sauvage qui attaque de front. Vous devez faire attention où vous mettez les pieds pour que la vipère ne vous morde pas.

La manière la plus efficace de manipuler les gens est de transmettre un message de manière positive. Le manipulateur doit toujours donner l'impression d'être « du bon côté » dans les différentes manipulations qu'il effectue, car c'est le seul moyen de les rendre efficaces à 100% et aussi de satisfaire son propre ego.

Il est fascinant d'observer que cette attitude, qui est en fait un pur mensonge, peut paradoxalement influencer le manipulateur lui-même, qui finit par croire les mensonges qu'il utilise pour manipuler sa victime.

Un exemple parfait est celui d'Al Capone, le gangster de Chicago, l'un des criminels les plus recherchés d'Amérique, qui a fini en prison uniquement pour fraude fiscale. Capone se présentait comme un homme doux et généreux, qui se mettait en quatre pour ses amis. Il avait consacré toute sa vie à rendre les gens heureux et c'était le remerciement qu'il recevait. On ne sait pas où s'arrête l'interprétation du caractère et une stratégie défensive et où commence la véritable conviction de Capone qu'il n'est qu'une victime des circonstances.

Le tueur BTK lui-même ne se considérait pas comme une mauvaise personne, mais simplement comme un homme en proie à des fantasmes sexuels qu'il ne pouvait pas contrôler, une personne qui avait essayé de respecter les règles et n'en avait rien retiré, et un père de famille qui n'avait jamais laissé ses enfants manquer de rien, allant même jusqu'à arrêter de tuer pour s'occuper de leur éducation à plein temps. Même en prison, il se considérait toujours comme une personne bien et ne comprenait pas pourquoi sa fille avait décidé de ne plus jamais lui rendre visite. Le fait qu'il les ait trompés pendant 30 ans ne lui a pas du tout traversé l'esprit.

En bref, celui qui manipule, ment et utilise tous les moyens détournés pour dominer les autres et ne veut jamais passer pour le monstre de la situation. Non, il est innocent, ce sont les autres qui sont de mauvaise foi et il est toujours incompris.

Pour interpréter cette partie (et ensuite commencer à être vraiment convaincu de ces choses), il est nécessaire que le manipulateur communique son message de manière positive et avec une campagne de communication appropriée. Pour ce faire, il faut connaître les différentes techniques de communication persuasive et la PNL, branche de la psychologie qui s'occupe d'analyser toutes les meilleures phrases et attitudes verbales et non verbales pour communiquer ses idées aux gens de la meilleure façon et les convaincre de faire certaines choses. Ceux qui manipulent ne peuvent pas ignorer la PNL et même ceux qui veulent se défendre contre de telles choses ne peuvent pas ignorer cette pratique.

Voici quelques bases de la PNL et de la communication persuasive pour pouvoir mieux manipuler.

« Oui, mais qu'est-ce que j'y gagne ? »

On pense que les gens ont beaucoup de temps à

perdre dans leur vie, mais ce n'est pas le cas. En général, les gens sont très occupés pendant leur journée ou du moins ils essaient de donner l'impression de l'être pour paraître plus importants.

Ils n'ont pas le temps matériel et peut-être même pas l'intérêt d'écouter de longs messages promotionnels remplis de grands mots, d'artifices rhétoriques et ainsi de suite. Il est donc nécessaire d'attraper la personne que vous voulez manipuler en une seule fois, alors qu'elle a un seuil d'attention très élevé.

Pour ce faire, vous devez recourir à la seule méthode de vente réellement efficace. Il suffirait de suivre ce principe simple (qui consiste simplement à trouver la réponse à une question très simple) pour ne jamais avoir de difficultés à vendre n'importe quel type de produit, plutôt que de lire de gros livres et de regarder un millier de vidéos toujours identiques. Vous économiseriez beaucoup d'argent et beaucoup de temps.

Il vous suffit de répondre à la question : « Oui, mais qu'est-ce que j'en retire ? ».

C'est tout, rien de plus, rien de moins.

La vente ne vise qu'une chose : faire savoir aux gens ce qu'ils peuvent obtenir de cet objet, de ce service ou de leur adhésion à cette cause. C'est pourquoi les cosmétiques « vous rendent beaux », le déodorant vous permet de séduire de nombreuses femmes, l'alarme antieffraction sécurise la maison pour vous et vos enfants, etc. Une fois que vous avez identifié le besoin que vous devez satisfaire, vous devez le communiquer à la personne à qui vous voulez vendre cette chose (ou la manipuler) afin d'en faire un client (ou une victime).

En fin de compte, il s'agit de besoins à satisfaire et se sentir important est aussi un besoin à satisfaire. Le sexe est un besoin à satisfaire, avoir le contrôle des choses est un besoin à satisfaire, tout comme manger, boire, s'amuser, se laver et dormir.

Ceux qui ont rejoint la secte du Révérend Jones l'ont fait pour satisfaire le besoin d'appartenir à une réalité plus grande, pour une récompense divine et aussi pour le charisme du Révérend, mais à la base de tout cela, il y avait le besoin d'être satisfait. Jones a commencé par satisfaire le (sacro-saint) besoin d'intégration entre les communautés blanche et afro-américaine de la ville, puis a poursuivi en satisfaisant le besoin de ceux qui craignaient la guerre nucléaire et cherchaient un abri, puis ceux qui avaient besoin de sécurité parce qu'ils voyaient des ennemis partout et ceux qui avaient besoin de croire en une vie meilleure après la mort....

Jones avait un produit, il disait aux gens ce qu'ils gagneraient à rejoindre sa cause et les gens étaient convaincus. C'était un communicateur, habitué à parler aux foules, il était charismatique, et il n'a pas eu trop de mal à vendre son produit.

Ainsi, lorsque vous voulez manipuler une personne et l'amener à faire ce que vous voulez, la première chose à faire est d'aller directement au cœur du sujet : vous obtiendrez ces résultats si vous faites ce que je dis.

Si vous pouvez la convaincre, vous êtes en affaires, vous aurez un client.

L'effet miroir

Le miroir est une technique PNL très puissante que vous pouvez utiliser pour mettre votre victime à l'aise, la calmer, lui faire baisser ses défenses, puis commencer votre manipulation sans même qu'elle s'en rende compte.

Le miroir est une tactique très efficace, mais il doit être pratiqué avec un certain style afin de ne pas irriter l'autre personne et d'atteindre une efficacité maximale.

Mais en quoi consiste-t-il ?

En résumé, le « mirroring » est une technique qui consiste à imiter les mouvements de l'autre personne, ainsi que le ton de sa voix, afin de devenir une sorte de « copie » d'elle à tous égards. De cette manière, il est possible de créer un lien profond, à un niveau inconscient, entre le manipulateur et le manipulé et de rendre toute la manipulation beaucoup plus facile.

Pour mener à bien le « mirroring », vous devez d'abord étudier le langage corporel de votre interlocuteur pendant un certain temps afin de vous faire une idée précise de son comportement. D'autre part, toutes les personnes ont des gestes typiques qu'elles font presque sans s'en rendre compte pour faire des phrases ou pour souligner certaines attitudes. Moi, par exemple, je fais beaucoup de gestes lorsque je suis en colère et que je veux souligner certains passages de mon discours. J'essaie de ne jamais faire ça en public, mais en privé, ça arrive souvent. Ou par exemple je pose mon menton sur mes mains quand je veux me concentrer sur quelque chose.

Ce sont des attitudes que je ne fais pas exprès, elles me viennent automatiquement, mais un bon observateur peut les apprendre par cœur comme un modèle. Lorsque je suis en colère, je fais une chose, lorsque je suis perplexe, un autre mouvement, et ainsi de suite.

Celui qui veut manipuler et rendre sa communication plus efficace (en passant toujours pour le « bon » dans la situation) en utilisant l'effet miroir, doit donc avoir en tête tous les mouvements que fait une personne, surtout les moins évidents, ceux qui se voient le moinsn mais qui attirent le plus l'attention. Il est essentiel de capturer ces mouvements avant même tous les autres.

Une fois l'apprentissage effectué, vous passez à la deuxième phase : vous imitez le langage corporel de votre interlocuteur, dans tous les sens du terme, pendant toute la durée de l'interaction. Le secret d'une mise en miroir réussie est de ne pas simplement imiter le comportement de l'autre personne dès qu'elle le fait, mais d'attendre quelques secondes et de s'assurer que tout le mouvement est naturel et non une simple mimique.

Si l'autre personne se gratte la tête et que vous commencez immédiatement à faire de même alors que vous étiez en train de faire autre chose, il sera facile pour l'autre personne de penser que vous ne faites que la taquiner. Elle s'irritera et ne sera plus intéressée par votre communication parce que vous vous serez moqué, vous lui aurez manqué de respect et elle ne se sentira plus importante.

Il est également très important de s'assurer que les messages positifs du corps soient amplifiés et que les messages négatifs soient minimisés. C'est une chose que les gens oublient souvent de faire et qui conduit à ne pas obtenir les résultats souhaités dans le miroir.

En ce qui concerne les signaux négatifs, vous devez toujours les réduire. Croiser les bras est un signal qui peut facilement être perçu comme négatif et hostile (il communique le fait que vous n'êtes pas disposé à coopérer avec l'autre personne ou à vous ouvrir. Il peut être interprété comme une volonté de « garder ses distances » avec les autres). Vous ne pouvez pas faire comme si rien ne s'était passé si votre interlocuteur fait ce geste, car le miroir doit nécessairement reproduire tous les mouvements, même ceux qui sont malvenus. Vous n'avez jamais vu un miroir qui ne reflète qu'une partie des choses, n'est-ce pas ? Sauf si vous êtes le comte Dracula ou le protagoniste d'une histoire d'horreur ou de science-fiction, bien sûr.

La seule chose que vous pouvez faire est de rendre ces signaux corporels moins négatifs. Vous pouvez, par exemple, ne pas croiser les deux bras, mais un seul, en posant l'autre sur votre menton. Ou placez-les croisés sur votre ventre. Cela rendra le langage corporel de votre interlocuteur moins négatif à un niveau inconscient.

En ce qui concerne les signaux positifs, vous devez les amplifier. Se rapprocher de son interlocuteur, c'est par exemple montrer de l'intérêt pour ce qu'il dit. Si votre interlocuteur se rapproche, vous vous rapprochez, s'il fait de larges gestes de la main, vous en faites de plus larges, et ainsi de suite.

Cependant, il est crucial de comprendre à quel point ces mouvements doivent être amplifiés. Cette méthode de PNL travaille beaucoup à un niveau inconscient, puis à un niveau plus superficiel. C'est l'inconscient de l'interlocuteur qui remarque d'abord que vous imitez ses mouvements (et si cela est fait correctement, le miroir le rendra plus disposé à écouter ce que vous avez à dire et à vous écouter) et ce n'est qu'ensuite qu'il se rendra compte à un niveau superficiel que vous le faites. Pour frapper l'inconscient, il n'est pas nécessaire de faire des gestes exagérés, mais seulement de les amplifier légèrement afin de frapper l'inconscient en profondeur. Une fois que vous avez touché l'inconscient, il ne vous reste plus qu'à poursuivre sur cette voie pour mener à bien votre tentative de « mirroring », gagner la confiance de votre interlocuteur, puis communiquer votre message de manière très efficace.

Évitez de faire des gestes exagérés car il ne s'agit pas d'un spectacle comique et vous risquez seulement d'exaspérer votre interlocuteur. Quand j'étais enfant, je me moquais de mon professeur en imitant le plus possible ses tics (et le professeur de philosophie avait beaucoup de tics) et je les exagérais volontairement pour créer l'effet de caricature qui faisait tant rire mes amis. Sans le savoir, je mettais en œuvre l'erreur de mise en miroir. Le professeur m'a surpris un jour à l'imiter et n'a pas vraiment aimé ma performance.

Blague à part, essayez d'imiter sans mimer, adoucissez les attitudes négatives et exagérez légèrement les positives. C'est assez facile à faire, vous pouvez même vous entraîner devant le miroir pour vous rendre compte à quel point vous exagérez ou adoucissez les différents mouvements. Chaque personne a une façon unique de bouger et d'utiliser son corps, mais la base est certainement la même pour tous. Il vous suffit de regarder attentivement les mouvements de cette personne et vous comprendrez exactement comment les imiter à la perfection grâce à la technique du miroir.

Le Rapport

Lorsque je parle à mon neveu de sept ans, nous avons toujours des conversations très intéressantes sur le Père Noël, les pirates, la sorcière qui vit dans les bois et qui sort la nuit pour l'attraper s'il n'est pas sage, les jeux vidéo, l'Épiphanie, les combats de Spider-Man, et bien d'autres sujets de ce genre.

C'est facile de lui parler de ces sujets car ils l'intéressent et il dispose des outils logiques pour comprendre ce que je dis et assimiler les informations qu'il reçoit.

Le registre de langue et le langage corporel que j'utilise pour parler à mon petit-fils de sept ans sont calibrés pour qu'il me comprenne et fasse passer le message. C'est un langage extrêmement simple, avec peu de métaphores et peu de mots compliqués, noir et blanc, facile à comprendre. Chaque fois que je discute de cette manière avec mon neveu de sept ans, il est heureux, il apprend quelque chose de nouveau et il s'amuse beaucoup avec son oncle.

Et je suis extrêmement heureux de tout cela.

Lorsque je suis au travail et que je dois parler au conseil d'administration des résultats de l'année écoulée et fournir une explication aussi convaincante que possible pour dire aux investisseurs que, cette année, le secteur s'est effondré et qu'ils ont perdu une partie de leur argent, je dois utiliser un registre de langue différent. Je dois parler en détail des fluctuations du marché, des analyses du chiffre d'affaires, de ce qui n'a pas marché dans les ventes, essayer de trouver une explication pour convaincre les actionnaires d'investir à nouveau dans notre entreprise et tenter de sauver ce qui peut l'être.

Je dois apporter une grande variété de données, de chiffres, d'analyses et de graphiques, être prêt à répondre à de nombreuses questions aussi précisément que possible. La réponse « Je n'ai aucune idée » est inacceptable, vous devez avoir une réponse claire pour tout et avec un langage très précis.

La réunion va être longue et, pour essayer d'en tirer le meilleur parti, je vais devoir utiliser un langage professionnel, un langage compréhensible par des adultes qui connaissent l'économie et qui ne devraient donc pas avoir trop de difficultés à lire un graphique et à parler de la hausse de l'inflation.

Mon langage est, par la force des choses, profondément différent de celui que j'utilise pour me faire comprendre de mon neveu de sept ans, car le contexte dans lequel je dois communiquer est différent, la situation discutée est très différente et j'ai affaire à des adultes et non à un enfant de sept ans. Mon langage corporel sera également, dans la mesure du possible, adapté à l'occasion.

Adapter votre langage, tant verbal que non verbal, à la situation et à la personne en face de vous est une technique de la PNL appelée Rapport. En bref, selon la personne que vous avez en face de vous, vous devrez modifier même radicalement votre façon de parler, les exemples que vous donnez, le ton de votre voix et votre langage corporel. Mais c'est toujours vous, que vous fassiez des bruits d'animaux pour divertir votre jeune enfant, que vous soyez au travail à la tête d'une multinationale ou que vous parliez sur YouTube.

Grâce au Rapport, il est possible d'établir une relation très spéciale avec l'autre personne, d'apprendre à la connaître et de permettre de mieux réaliser votre travail de manipulation. Vous apparaîtrez sous une lumière positive, ce qui facilitera énormément votre travail.

Il n'y a pas une seule langue pour chaque catégorie de personnes, il existe des dizaines, voire des centaines de registres de langue différents que vous pouvez utiliser avec toutes les personnes avec lesquelles vous êtes en contact chaque jour et ce qui est fascinant, c'est qu'ils sont tous très différents. Cela signifie qu'il peut y avoir un nombre infini de Rapports différents mais également efficaces. Pour comprendre quel est le meilleur Rapport à utiliser avec une personne, il suffit de l'observer attentivement, de voir comment elle parle, comment elle bouge et comment elle se comporte avec les autres.

Nous sommes nés pour communiquer. Sans cette capacité, notre civilisation n'aurait probablement pas atteint ce stade, mais nous assistons souvent à des catastrophes en matière de communication. De grandes idées sont mal communiquées et deviennent immédiatement inefficaces, les gens commettent des erreurs de langage, mettant en danger leur carrière, etc. Apprendre à communiquer est essentiel dans notre société, tant pour le travail que pour la manipulation, mais il est encore plus important de comprendre quels mots utiliser et lesquels ne pas utiliser pour communiquer avec chaqun. Ceux qui réussissent ont un grand avantage dans leur manipulation et leur travail.

Cette technique fonctionne parfaitement lorsqu'il s'agit d'une seule personne. Il ne convient pas aux rassemblements de groupe car il n'est manifestement pas possible de parler avec un Rapport différent pour chaque personne présente. Dans ce cas, il est préférable d'essayer d'être général et de se concentrer sur les points principaux des discours, ceux qui ont incité les gens à venir vous voir.

Le Révérend Jones ne pouvait pas utiliser le Rapport dans ses sermons publics et il savait donc que ces personnes étaient venues le voir parce qu'elles étaient effrayées par la possibilité d'une guerre nucléaire. Le Révérend leur a simplement donné ce qu'elles étaient venues chercher. Il les a effrayés en leur assurant que la guerre était à portée de main, puis les a rassurés en leur disant qu'il pouvait les sauver, mais à une seule condition : faire ce qu'il disait et ne jamais remettre en question ses ordres.

6

EMPATHIE

Nous entendons souvent parler d'«empathie» et de l'importance qu'elle a pour pouvoir bien travailler et manipuler les gens, et je ne peux qu'être d'accord avec ceux qui soutiennent cette position.

L'empathie est un talent incroyable qui peut vous aider à obtenir un grand avantage dans votre travail de manipulation et que vous devriez développer autant que possible. L'empathie est cette capacité mentale qui vous permet de comprendre immédiatement l'état d'esprit de votre interlocuteur ou la situation dans laquelle vous vous trouvez et vous incite à adapter votre langage et votre attitude dans cette situation en conséquence.

L'empathie, en un mot, vous évite de faire beaucoup d'erreurs, comme raconter une blague salace pendant les funérailles du grand-père de votre meilleur ami. Peut-être que la blague est drôle mais que le contexte est mauvais. La personne empathique comprend cela et préfère raconter la blague salace au bar le lendemain et se contenter de présenter ses « condoléances » à l'ami. Vous comprenez que la situation ne nécessite pas ce genre d'humour et vous ne le faites pas. La personne empathique comprend la peur et le désarroi d'une personne qui risque de perdre son emploi à tout moment avec une hypothèque à payer et l'incite à offrir son aide ou au moins un mot de réconfort. La personne non empathique n'a pas de telles pensées et, en fait, la situation de cette personne ne lui fait ni chaud ni froid et elle continue à se comporter comme elle l'a toujours fait.

De très nombreux manipulateurs (en fait, les meilleurs d'entre eux) sont très empathiques, ils ont un grand talent naturel pour comprendre l'humeur d'autrui et pouvoir l'utiliser à leur avantage dans des œuvres de manipulation qui sont toujours très réussies.

Hitler était très doué pour comprendre la foule et lui donner ce qu'elle voulait. La situation en Allemagne après la Première Guerre mondiale était très difficile et le futur Führer avait compris les sentiments du peuple allemand et il les a manipulés (mais pas tant que ça, si l'on peut dire) pour leur faire croire que leurs idées correspondaient aux siennes et étaient ce dont l'Allemagne avait besoin.

L'empathie est également très utile en amour et vous permet de comprendre, par exemple, quand votre partenaire a besoin de votre soutien émotionnel et quand il est préférable de rester à l'écart parce que votre partenaire passe sa pire journée.

En résumé, voici les avantages de l'empathie :

1. Vous pouvez nouer des relations très profondes avec les gens.

2. Les personnes empathiques n'ont jamais trop de mal à se lier d'amitié avec quelqu'un.

3. La capacité d'écoute des personnes est beaucoup plus grande et, par conséquent, la collecte d'informations utiles à la manipulation sera un jeu d'enfant.

4. Il est plus facile de gagner la confiance des gens.

Tout semble parfait, non ?

Mais comment peut-on « devenir » empathique ?

C'est un talent avec lequel on naît d'un certain point de vue. Il y a des personnes avec lesquelles il est extrêmement facile d'avoir de l'empathie et qui peuvent immédiatement comprendre ce que les autres ressentent, ce qu'il faut dire et ce qu'il faut faire. Mais vous pouvez aussi apprendre à développer cette capacité avec le temps grâce à une série d'exercices.

Ce que je recommande, c'est d'observer les personnes et les situations dans votre vie. Les yeux ouverts, les oreilles ouvertes et la bouche fermée. Observez tout, voyez comment les gens se comportent et analysez soigneusement ce qu'ils disent afin de comprendre quelles sont les meilleures attitudes et les meilleurs mots à prononcer en toutes occasions.

Parlez à des inconnus, de l'employé du supermarché à l'étranger qui prend le train avec vous, et essayez de comprendre leur humeur et de voir comment vous pouvez faire preuve d'empathie à leur égard (je vous recommande un bon livre sur ce sujet, *The Stranger's Dilemma* de Malcolm Gladwell, qui traite de la difficulté de parler à des personnes que vous ne connaissez pas).

Enfin, essayez de vous mettre à la place des autres et de voir les choses de leur point de vue. Vous découvrirez peut-être que le fait de regarder les choses sous un autre angle les rend très différentes de la façon dont vous les interprétez et que l'empathie est beaucoup plus facile que vous ne le pensez.

Pratiquez toujours ces exercices tous les jours. Avoir une vie sociale active est essentiel pour développer l'empathie, sinon c'est comme vouloir devenir musclé sans jamais aller à la salle de sport, et vous commencerez vraiment à lire les inconnus et leurs émotions comme s'ils étaient un livre ouvert.

7

LA PREMIÈRE IMPRESSION EST PRIMORDIALE

On dit que la première impression que vous faites sur les autres est cruciale et peut vraiment faire la différence entre une amitié profonde ou une grande antipathie, entre être embauché avec un contrat permanent ou non et entre une manipulation réussie ou non.

Des études scientifiques affirment que les toutes premières secondes de la première rencontre avec une personne sont cruciales pour faire une bonne impression et vous avez donc le plus grand intérêt à tirer le meilleur parti de ces quelques secondes, sinon votre travail de manipulation sera plus difficile.

Que pouvez-vous faire pour améliorer la première impression que les autres ont de vous ?

1. Portez une tenue adaptée à l'occasion. Pour un entretien d'embauche, portez une belle tenue qui respecte le code vestimentaire de l'entreprise. Avec des amis, vous pouvez être décontracté et pour un rendez-vous romantique, il est préférable d'être plus élégant.
2. Prenez soin de votre apparence physique. Même si vous avez un look « sauvage », il est toujours préférable de prendre soin de votre apparence physique à tout moment. Votre look sera la première chose que les gens verront de vous et il est facile de faire une bonne impression si vous êtes bien soigné.
3. C'est une bonne habitude de recueillir des informations sur la personne que vous rencontrez avant que la réunion n'ait lieu, surtout pour une réunion d'affaires ou si vous devez essayer de manipuler une personne à vos propres fins (par exemple, un client que vous voulez convaincre d'acheter votre produit). L'interlocuteur saura ainsi que vous voulez vraiment faire une bonne première impression et que vous avez

pris le temps de vous préparer. Passez du temps à rechercher des informations avant chaque réunion car c'est une méthode infaillible. Rappelez-vous que le Révérend Jones l'utilisait également pour manipuler les fidèles lors de ses séances de « remèdes miracles » (qui n'en étaient pas vraiment). Ses fidèles recueillaient des informations avant les réunions. Ainsi, le Révérend Jones savait à l'avance que Peter, l'agriculteur des marais de Louisiane, avait une sciatique et son charisme lui permettait de dire que c'était un message de Dieu sans faire rire personne.

4. Faites preuve de confiance en vous. Vous n'avez rien à craindre, vous êtes le meilleur et vous êtes impatient de le prouver. Les manipulateurs doivent avoir confiance en leurs capacités. Oui, vous pouvez aussi essayer de manipuler les gens en jouant constamment les victimes, mais très vite, les manipulés en auront assez de cette attitude. Les gens (ou du moins la grande majorité) recherchent un homme fort à suivre et

donc, si vous voulez faire une première impression, vous devez toujours être confiant.

5. N'oubliez pas de prêter une attention particulière au langage corporel. Une bonne posture, ne croisez pas vos bras sur votre poitrine, souriez toujours et établissez un contact visuel. Vous devez toujours communiquer la confiance et non la peur ou l'impression que vous êtes là uniquement parce que vous n'avez rien de mieux à faire.
6. Montrez ce que vous aimez. Vous devez être unique et irremplaçable pour pouvoir dicter vos propres conditions et manipuler les gens pour qu'ils fassent ce que vous voulez. Si vous avez des compétences particulières, des passions ou un talent unique, montrez-le immédiatement, il serait dommage de ne pas l'utiliser tout de suite pour impressionner les autres. Dès la deuxième réunion, il sera trop tard pour avoir un effet maximal.

Vous ne disposez que de quelques secondes

pour entrer dans la tête des gens de la meilleure façon possible, exploitez-les au maximum et vous n'aurez jamais de problème pour mener à bien votre manipulation avec un maximum de succès.

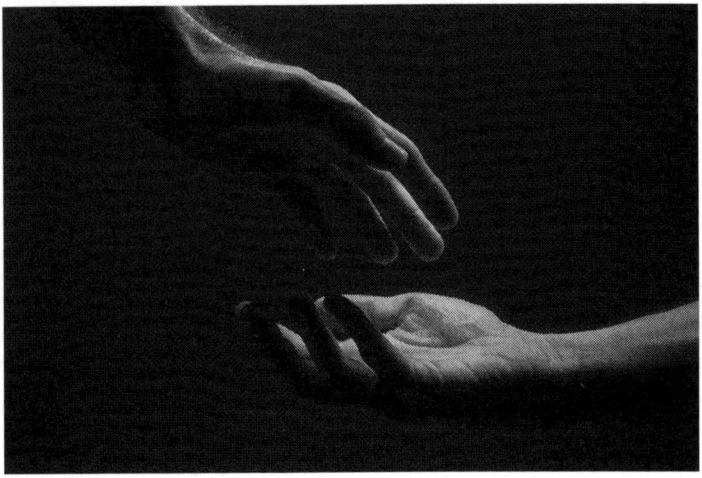

CONCLUSION

Nous sommes arrivés à la fin de ce voyage dans la manipulation mentale et la psychologie noire.

Entrer dans la tête des gens n'est pas si difficile après tout, n'est-ce pas ? On pourrait dire que les gens veulent être manipulés et sont en effet prêts à l'être si un type se présente qui peut éliminer des problèmes complexes de manière simple et qui semble pouvoir contrôler la situation. La différence réside dans la manière dont ces techniques de manipulation sont utilisées.

Vous pouvez l'utiliser de manière négative à des fins maléfiques ou pour glorifier votre ego, mais vous pouvez aussi l'utiliser à des fins positives, par exemple pour aider les gens à faire ressortir leur potentiel et pour faire en sorte que toute l'équipe se batte pour atteindre l'objectif commun. Tout dépend de l'usage que vous voulez faire de la confiance que vous obtenez des gens.

Utilisez toujours ce que vous avez lu pour manipuler les gens de manière positive, vous en tirerez toujours un grand bénéfice et l'histoire enseigne que ceux qui ont manipulé les autres à leurs propres fins ont toujours mal tourné.

DU MÊME AUTEUR

Manipulation Mentale

Le guide exclusif qui révèle les 6 armes secrètes de persuasion pour pouvoir influencer et convaincre les autres grâce à une communication efficace de 10 minutes

Veux-tu découvrir comment "manipuler ethiquement" les autres et faire en sorte que l'on te dise TOUJOURS OUI?

Veux-tu conneître le SYSTÈM éprouvé pour gérer les personnes difficiles ainsi que tes négociations?

Ou encore, veux-tu faire ressentir des émotions et persuader ton partenaire pour obtenir ce que tu désires?

Si tu lis ces lignes, c'est parce que tu sens que quelque chose ne va pas dans ta relation avec les autres...

Peut-être as-tu l'impression de ne pas être convaincant ou peut-être as-tu réalisé que, très souvent, ce sont les autres qui décident à ta place et que tu ne contrôles pas à 100% les choix de ta vie.

Tes amis, ta famille et tes connaissances refusent probablement toutes tes propositions et initiatives...

Et lorsque tu proposes quelque chose aux autres (quoi que ce soit) tu as comme l'impression qu'ils érigent un mur que tu n'arrives pas à franchir, et…

Finalement, tu finis toujours par faire ce que les autres veulent.

Ça te semble familier?

Grâce aux **6 armes secrètes de persuasion** à la limite du contrôle mental que tu découvriras dans ce livre, convaincre les autres ne sera plus un problème!

Dans ce livre, tu découvriras les mécanismes présents dans l'esprit humain, tu en comprendras les limites et le potentiel et tu pourras facilement trouver les points faibles des autres, en les convainquant éthiquement de te dire oui.

Une phrase à la fois, une page à la fois, et tu comprendras comment fonctionne la persuasion et quelles sont les dynamiques à la base de la manipulation mentale.

Dans la deuxième partie du livre, tu passeras à l'action et comprendras vraiment comment réussir à influencer les décisions de ceux qui t'entourent, en les dirigeant vers ce qui te convient le plus (sans même qu'ils ne s'en rendent compte).

Grâce au contenu de ce livre, tu découvriras :

- Les 4 piliers secrets du fonctionnement de l'esprit humain
- L'acronyme **S.U.C.C.E.S.** qui te permet d'organiser un discours inoubliable et convaincant, avec une garantie d'efficacité à 100%
- Comment reconnaître les techniques de manipulation mentale et s'en sortir vainqueur
- Les 6 "trucs banals" (qu'ignorent 97% des gens) pour traverser "le mur de la banalité" des conversations classiques et séduire rapidement ton interlocuteur
- Quels sont les 9 types de personnalités que tu peux rencontrer et comment **communiquer efficacement** avec chacune d'elles
- Des **exercices simples** et pratiques avec lesquels tu peux commencer à t'entraîner à convaincre les autres, sans même qu'ils ne s'en rendent compte!

• Et bien plus encore...

Si tu veux vraiment améliorer tes relations avec les autres et les convaincre à chaque fois de tes idées ou initiatives, clique donc sur "Acheter cet article" et accède aux 6 techniques secrètes de manipulation de l'esprit que tu trouveras UNIQUEMENT dans ce livre!

Apprends à DOMINER L'ESPRIT... ou continue à te laisser manipuler selon la volonté d'autrui!

REMERCIEMENTS

Merci pour votre confiance et pour avoir lu ce livre. S'il vous a été utile, je vous demande de visiter le site où il a été acheté et de laisser un commentaire. Vos commentaires sont importants pour moi et aideront d'autres lecteurs à prendre une décision.